Das Buch

»Ich muß sagen, als ich den Anfang dieses Manuskripts und die ersten hundert Seiten las, war ich begeistert. Alles Action, prallvoll mit allem, was die Leser heute von einem richtigen Schmöker erwarten: Sex (jede Menge), Ehebrüche, Sodomie, Mord und Totschlag, Inzest, Krieg, Massaker und so weiter.« Was für ein begnadeter Lektor! Das von ihm so belobigte Werk wurde millionenfach verkauft. Allerdings nicht unter dem vorgeschlagenen Titel ›Die verlorene Schar vom Roten Meer‹, sondern unter dem weniger spektakulären Namen ›Die Bibel‹ ... Seine Parodien und Travestien zum Zeitgeist gehören zum Populärsten, was Umberto Eco verfaßt hat. »Zur Zeit Mussolinis hätte man Eco nach Lipari oder Ventotene verbannt«, schreibt Norbert Trunz. »Hinter den skurrilen Einfällen seiner Storys verbirgt sich ein echter Moralist, der mit spitzer Feder aufdeckt und angreift, was morsch ist in unserer Gesellschaft.«

Der Aut

Umberto Eco wurde am 5. Januar 1932 in Alessandria (Piemont) geboren, ist Ordinarius für Semiotik an der Universität Bologna und verfaßte zahlreiche Schriften zur Theorie und Praxis der Zeichen, der Literatur, der Kunst und nicht zuletzt der Ästhetik des Mittelalters.

Umberto Eco

Platon im Striptease-Lokal
Parodien und Travestien

Deutsch von Burkhart Kroeber

dtv

Deutscher Taschenbuch Verlag

Von Umberto Eco
sind im Deutschen Taschenbuch Verlag erschienen:
Der Name der Rose (10551)
Nachschrift zum ›Namen der Rose‹ (10552)
Über Gott und die Welt (10825)
Über Spiegel und andere Phänomene (11319)
Das Foucaultsche Pendel (11581)
Wie man mit einem Lachs verreist (12039)
Lector in fabula (4531)
Kunst und Schönheit im Mittelalter (4603)
Die Grenzen der Interpretation (4644)

Ungekürzte Ausgabe
Oktober 1993
4. Auflage November 1995
Deutscher Taschenbuch Verlag GmbH & Co. KG,
München

ISBN 3-446-14366-1
Umschlaggestaltung: Büro X
Illustration: Detlev Kellermann
Gesamtherstellung: C. H. Beck'sche Buchdruckerei, Nördlingen
Printed in Germany · ISBN 3-423-12100-9

Inhalt

»music-hall, not poetry, is a criticism of life«

James Joyce

Nonita

Das vorliegende Manuskript ist uns vom Oberaufseher des kommunalen Gefängnisses einer piemontesischen Kleinstadt übergeben worden. Die unbestimmten Angaben, die der Mann über den mysteriösen Häftling gemacht hat, der es in seiner Zelle zurückließ, der Nebel, der das Schicksal des Verfassers umgibt, und eine gewisse allgemeine, unerklärliche Reserviertheit derer, die den Schreiber dieser Zeilen gekannt haben, lassen uns keine andere Wahl, als uns mit dem zu begnügen, was wir wissen, und in aller Bescheidenheit den erhaltenen Teil des Manuskripts (das übrige ist von Mäusen zerfressen) hier wiederzugeben, so daß sich der Leser ein Bild von dem außergewöhnlichen Schicksal dieses Umberto Umberto machen kann (doch war jener mysteriöse Häftling nicht womöglich Vladimir Nabokov, den es seltsamerweise in die piemontesischen Hügel verschlagen hatte, und zeigt dieses Manuskript nicht die Kehrseite des proteischen Immoralisten?), auf daß man diesen Seiten schließlich entnehme, was ihre verborgene Lehre ist: maskiert unter Libertinage eine Lehre von höchster Moral.

Nonita. Blume meiner Jugend, Unruhe meiner Nächte. Werde ich dich je wiedersehen? Nonita. Nonita. Nonita. Drei Silben, wie eine Negation aus Süße: No. Ni. Ta. Nonita, mögest du mir in Erinnerung bleiben, bis dein Bild Finsternis ist und dein Ort Grab.

Ich heiße Umberto Umberto. Als die Sache geschah, unterlag ich glühend dem Sieg der Jugend. Nach Aussage derer, die mich kannten (nicht derer, die mich jetzt sehen, Leser, abgemagert in dieser Zelle, während der erste Anflug eines Prophetenbartes mir die Wangen verhärtet), nach Aussage derer, die mich zu jener Zeit kannten, war ich ein strammer Ephebe mit einem Schatten von Melancholie, den ich vermutlich den meridionalen Genen eines kalabrischen Ahnen verdanke. Die Mädchen, die ich kannte, begehrten mich mit der ganzen Heftigkeit ihres blühenden Leibes und machten mich zur tellurischen Unruhe ihrer Nächte. Doch ich entsinne mich kaum jener Mädchen, denn ich war grausige Beute einer ganz anderen Leidenschaft, und meine Blicke streiften kaum ihre Wangen, wenn sie im Gegenlicht golden erglänzten von einem seidigen und transparenten Flaum.

Ich liebte, geneigter Leser, und zwar mit der Tollheit meiner eifernden Jahre, ich liebte jene, die du mit zerstreuter Fühllosigkeit »die Alten« nennen würdest. Ich begehrte aus tiefster Tiefe meiner blutjungen Fasern jene Geschöpfe, die schon gezeichnet sind von der Strenge eines unerbittlichen Alters, gebeugt vom schicksalsschweren Gewicht ihrer achtzig Jahre, grausig ausgehöhlt vom begehrenswerten Gespenst der Vergreisung. Um sie zu bezeichnen, diese der Mehrheit unbekannten Frauen, denen die schlüpfrige

Indifferenz der habituellen *usagers* rescher fünfundzwanzigjähriger Friulanerinnen keine Beachtung schenkt, werde ich, Leser – auch hierin beherrscht von den Anfällen einer ungestümen Gelehrtheit, die mir jede Geste der Unschuld verwehrt –, einen Ausdruck verwenden, den für treffend zu halten ich nicht verzage: Pärzchen, *parquettes.*

Ihr, die ihr über mich richtet (*toi, hypocrite lecteur, mon semblable, mon frère*), was wißt ihr schon von der morgendlichen Jagdbeute, die sich im Sumpf dieser unserer unterirdischen Welt dem listenreichen Liebhaber kleiner Parzen bietet! Ihr, die ihr nachmittags durch die städtischen Anlagen streift auf eurer banalen Jagd nach soeben erblühten Mädchen, was wißt ihr von der verstohlenen, einsamen, grinsenden Jagd, die der Liebhaber kleiner Parzen zwischen den Parkbänken alter Gärten betreiben kann, im weihrauchgeschwängerten Dunkel der Kirchen, auf den Kieswegen stiller Friedhöfe in der Vorstadt, sonntags an den Ecken der Altersheime, vor den Toren der Nachtasyle, in den psalmodierenden Reihen der Heiligenprozessionen, bei den Wohltätigkeitsveranstaltungen, auf der Lauer in einem amourösen, überaus engen und leider erbarmungslos keuschen Hinterhalt, um aus der Nähe jene vulkanisch zerfurchten Gesichter zu sehen, jene wäßrigen, vom Star getrübten Augen, das Zittern der ausgedörrten Lippen, eingezogen in die erlesene Höhlung eines zahnlosen Mundes, zuweilen benetzt von einem schimmernden Strom ekstatischen Speichels, die knotigen Hände nervös im schlüpfrigen und provozierenden Tremolo eines unendlich langsam gebeteten Rosenkranzes!

Kann ich dir jemals, freundlicher Leser, das verzweifelte Schmachten nach jener flüchtigen Augenbeute vermitteln, das spasmische Beben bei gewissen kaum wahrnehmbaren Kontakten, eine flüchtige Ellenbogenberührung im Gedränge der Trambahn (»Pardon, Madame, wollen Sie sich nicht setzen?« Oh, satanischer Freund, wie wagtest du es, den feuchten Dankesblick anzunehmen und das knappe »Vielen Dank, junger Mann« – du, der du lieber an Ort und Stelle deine bacchantisch wüste Komödie der Besitzergreifung inszeniert hättest?), das leichte Streifen eines venerablen Knies, *strisciando* von deiner Wade berührt zwischen zwei Sitzreihen in der nachmittäglichen Leere eines Vorstadtkinos, oder – sporadischer Augenblick engsten Kontaktes – das verhalten zärtliche Drücken des knochigen Arms einer Greisin, der du mit beflissener Pfadfindermiene über die Straße halfst!

Die Wechselfälle meines naßforschen Alters bescherten mir freilich auch andere Begegnungen. Wie ich schon sagte, ich hatte einen gewissen Charme mit meinen gebräunten Wangen und den zarten Zügen eines von morbider Virilität befallenen Mädchens. Ich ignorierte durchaus nicht die Liebe der Heranwachsenden, doch ich unterzog mich ihr wie einer Pflichtübung, um meinem Alter Genüge zu tun. Ich entsinne mich eines Abends im Mai, kurz vor Sonnenuntergang, als ich im Garten einer aristokratischen Villa – es war im Varesischen, unweit des roten Sees der sinkenden Sonne – im Schatten eines Busches mit einer entkleideten, ganz von Sommersprossen bedeckten Siebzehnjährigen lag, die sich in einem wahrhaft beängstigenden Rausch von Liebesgefühlen befand. Und gerade als ich ihr lustlos den ersehnten Merkurstab meiner schwellenden Wundertätigkeit überließ, sah ich, Leser, erriet ich gleichsam in einem Fenster der Beletage die Gestalt einer altersschwachen Amme, krumm vorgebeugt, im Begriff, sich die formlose Masse eines schwarzen Baumwollstrumpfes vom Bein zu streifen. Der plötzliche Anblick jenes geschwollenen Gliedes, gezeichnet von Krampfadern und gestreichelt vom ungeschickten Auf und Ab der alten Hände in ihrem Bemühen, das Knäuel des Strumpfes aufzurollen, erschien mir (oh, meine begehrlichen Augen!) wie ein gräßliches und beneidenswertes Phallussymbol, umschmeichelt von einer jungfräulichen Geste. Und im selben Moment, erfaßt von einer durch die Distanz noch verstärkten Ekstase, explodierte ich röchelnd in einem Erguß biologischer Einwilligung, den das Mädchen (unvorsichtiges Küken, wie ich dich haßte!) stöhnend aufnahm wie einen Tribut an den eigenen unreifen Zauber.

Hast du je begriffen, du mein törichtes Werkzeug aufgeschobener Lüste, daß du damals die Speise vom Tisch einer anderen naschtest, oder ließ die dumpfe Eitelkeit deiner unreifen Jahre mich dir als ein feuriger, unvergeßlicher, sündenfroher Komplize erscheinen? Tags darauf abgereist mit der Familie, schicktest du mir nach einer Woche eine Postkarte mit der Unterschrift »Deine alte Freundin«. Ahntest du die Wahrheit, wolltest du mir deinen Scharfblick durch den gezielten Gebrauch dieses Adjektivs enthüllen, oder war es nur der jargonhafte Ausfall einer Gymnasiastin im Krieg mit den üblichen philologisch geschraubten Briefffloskeln?

Wie starrte ich seither zitternd auf jenes Fenster, stets in der Hoffnung, die gebrechliche Silhouette einer Greisin im Bade zu sehen! Wie viele Abende saß ich halbversteckt unter Bäumen, meiner gewohnten Ausschweifung hingegeben, die Augen unverwandt auf die hinter einem Vorhang erkennbare Schattengestalt einer zarten Muhme vor einem Teller mit Brei geheftet! Und dann die fürchterliche Enttäuschung, jäh und blitzartig (*tiens donc, le salaud!*), wenn die Gestalt sich dem Trug der chinesischen Schatten entzog und am Fenster erschien als das, was sie war: eine nackte Tänzerin mit strammen Brüsten und den ambraschimmernden Hüften einer andalusischen Stute!

So verbrachte ich Monate und Jahre friedlos auf der vergeblichen Jagd nach verehrungswürdigen Pärzchen, nimmermüde einer Suche ergeben, die, ich weiß es, ihren unzerstörbaren Ursprung aus dem Augenblick meiner Geburt bezog, als eine alte, zahnlose Hebamme (Resultat der vergeblichen Suche meines Vaters, der zu jener Nachtstunde keine andere gefunden hatte als diese, die schon mit einem Fuß im Grabe stand!) mich aus dem viskosen Gefängnis des Mutterschoßes befreite und mir im Licht des Lebens ihr Gesicht offenbarte – das unsterbliche Gesicht einer *jeune parque*.

Ich suche hier keine Rechtfertigungen vor euch, die ihr mich lest (*à la guerre comme à la guerre*), doch ich möchte hier wenigstens erklären, wie schicksalhaft die Koinzidenz der Ereignisse war, die mich zu jenem Siege führte.

Das Fest, zu dem man mich eingeladen hatte, war eine schale Petting-Party von jungen Mannequins und kaum der Pubertät entwachsenen Studenten. Die geschmeidige Wollust jener willigen Mädchen, die lässige Art, wie sie im Ungestüm einer Tanzfigur ihre Brüste in offenen Blusen darboten, widerte mich an. Schon wollte ich fluchtartig jenen Ort des banalen Handels mit noch intakten Leisten verlassen, als ein schriller, fast kreischender Ton (und finde ich je den passenden Ausdruck für die schwindelerregend hohe Frequenz, das heisere Abklingen der schon ermatteten Stimmbänder, *l'allure suprême de ce cri centenaire?*), als die bebende Klage einer uralten Frau die Versammlung in Schweigen stürzte. Und im Türrahmen sah ich sie, sah das Gesicht der fernen Parze meines pränatalen Schocks, umgeben vom wallenden Enthusiasmus der lasziv-weißen Haare, den zusammengefallenen Körper, der sich eckig unter dem Stoff der glatten schwarzen Bluse abzeichnete, die dürren, längst unerbittlich krumm gewordenen Beine, die zarte Linie ihrer verletzlichen Schenkel unter der altmodischen Schamhaftigkeit des verehrungswürdigen Rockes.

Das fade Mädchen, das uns eingeladen hatte, rang sich demonstrativ eine Geste der Höflichkeit ab, hob die Augen zum Himmel und sagte: »Meine *Nonna*« ...

Hier endet das erhaltene Manuskript. Aus den spärlichen Resten, die noch zu entziffern sind, läßt sich schließen, daß die Geschichte wie folgt weiterging. Wenige Tage später entführt Umber-

to Umberto die Großmutter seiner Gastgeberin und flieht mit ihr auf dem Fahrrad nach Piemont. Zunächst führt er sie in ein Heim für mittellose Senioren, wo er die Nacht mit ihr verbringt, und erfährt dabei, daß er nicht der erste in ihrem Leben ist. Bei Tagesanbruch, als er im Garten eine Zigarette raucht, wird er von einem zwielichtigen jungen Mann angesprochen, der ihn fragt, ob die Alte wirklich seine Nonna sei. Besorgt verläßt er das Altersheim mit Nonita und macht sich auf eine schwindelerregende Wanderschaft kreuz und quer durch Piemont. Er besucht die Weinmesse von Canelli, das Trüffelfest von Alba, nimmt teil an der Parade von Gianduja in Caglianetto, am Viehmarkt von Nizza Monferrato, an der Wahl der Schönen Müllerin in Ivrea, am Sackhüpfen auf der Kirchweih von Condove.

Am Ende dieser Irrfahrt durch die Weiten des Landes bemerkt er, daß ihm seit einiger Zeit ein junger Pfadfinder auf einer Lambretta folgt, der jede Begegnung mit ihm vermeidet. An dem Tage, als er in der Ortschaft Incisa Scappacino seine Nonita zur Pediküre bringt und sie einen Moment allein läßt, um sich Zigaretten zu kaufen, findet er sich bei der Rückkehr von der Alten verlassen: Sie ist mit dem Entführer geflohen. Er verbringt einige Monate in tiefster Verzweiflung und findet schließlich die Greisin wieder, zurück aus einem Schönheitssalon, wohin sie der Verführer gebracht hatte. Ihr Gesicht ist faltenlos, ihr Haar kupferblond gefärbt, der Mund *wieder voll und blühend. Angesichts dieses Verrats wird Umberto Umberto von einem Gefühl abgrundtiefen Mitleids und stiller Verzweiflung gepackt. Ohne ein Wort zu sagen, besorgt er sich eine doppelläufige Flinte und macht sich auf die Suche nach dem Unseligen. Er findet ihn auf einem Campingplatz, wo er gerade zwei Hölzchen aneinanderreibt, um Feuer zu machen. Er schießt einmal, zweimal, dreimal auf ihn, immer daneben, bis er von zwei Priestern mit schwarzen Baskenmützen und Lederjacken ergriffen wird. In flagranti ertappt, wird er zu sechs Monaten Haft wegen unbefugten Waffentragens und Jagens außerhalb der Saison verurteilt.*

(1959)

Platon im Striptease-Lokal

Wenn sie auf der kleinen Bühne des »Crazy Horse« erscheint, geschützt durch einen großmaschigen schwarzen Netzvorhang, ist Lilly Niagara schon nackt. Sogar etwas mehr als nackt, denn sie trägt einen aufgeknöpften schwarzen BH und Strapse. Den ersten Teil ihrer Nummer verbringt sie damit, sich langsam anzukleiden, soll heißen, träge in ihre Strümpfe zu fahren und das lose von ihren Schultern hängende Zaumzeug festzuschnüren. Den zweiten Teil widmet sie der Wiederherstellung ihres Anfangszustandes. Dergestalt, daß dem Publikum, unsicher, ob diese Frau sich nun aus- oder angezogen hat, nicht bewußt wird, daß sie in Wirklichkeit gar nichts getan hat. Denn selbst ihre trägen und leidenden Gesten, kontrapunktisch begleitet von einem verschreckten Gesichtsausdruck, bekunden so klar die professionelle Absicht und stellen sich so ausdrücklich in die Tradition einer hohen Schule, die inzwischen bereits aus Lehrbüchern erlernbar ist, daß sie nichts Überraschendes an sich haben – und somit auch nichts Verführerisches. Verglichen mit der Technik anderer Striptease-Göttinnen, die es so trefflich verstehen, ihre Offerte mit einer anfänglichen Unschuld zu dosieren, aus der sie dann plötzlich Entschlüsse von unerwarteter Schamlosigkeit hervorziehen, in Reserve gehaltene Laszivitäten, wilde, der letzten Infamie vorbehaltene Ausbrüche (Göttinnen also einer dialektischen, okzidentalen Form von Striptease), verglichen damit ist die Technik der Lilly Niagara schon *beat* und *hard*. Sie erinnert uns heute eher an die Figur der Cecilia in Moravias ›La Noia‹: eine gelangweilte Sexualität, bestehend aus Gleichgültigkeit und dargeboten mit einer Könnerschaft, die wie ein Urteil ertragen wird.

Lilly Niagara will somit die letzte Stufe des Striptease erreichen: die Endstufe, auf der es nicht mehr darum geht, das Schauspiel einer Verführung zu geben, die sich an niemand bestimmten wendet, die der Menge Versprechungen macht und das Versprochene im letzten Moment zurückzieht; sondern auf der es gilt, die äußerste Schwelle zu überschreiten und auch das Verführungsversprechen noch zu umgehen. Ist der traditionelle Striptease das Angebot eines Koitus, der sich unversehens als *interruptus* erweist, womit er in seinen Anhängern eine Mystik der Privation befördert, so züchtigt der Strip à la Lilly Niagara sogar noch die Prahlerei der neuen Adepten, indem er ihnen enthüllt, daß die versprochene Realität nicht nur bloß betrachtet werden kann, sondern nicht einmal die Fülle des bloßen Betrachtens gewährt, da man über sie schweigen muß. Gleichwohl bestätigt Lilly Niagaras byzantinische Kunst die gewohnte Struktur des konventionellen Striptease und seine Symbolnatur.

Nur in einigen sehr verrufenen Nachtlokalen kann man die Mädchen, die sich auf der Bühne zur Schau stellen, hinterher zum Verkauf ihrer Reize bewegen. Im »Crazy Horse« wird man sogar dezent darauf hingewiesen, daß es ungehörig sei, nach käuflichen

Fotos zu fragen – was man zu sehen bekommt, ist nur für ein paar Minuten auf den magischen Brettern der Bühne zu sehen. Und wer die Artikel über den Striptease liest oder die literarischen Kommentare, die manche der in den größeren Etablissements angebotenen Programmhefte schmücken, der wird erfahren, daß es für die Nackttänzerin charakteristisch sei, ihr Metier mit nüchterner Professionalität zu betreiben, um privatim einer häuslichen Liebe zu pflegen – mit Verlobten, die sie zur Arbeit bringen, mit von Eifersucht zerfressenen Ehemännern, hinter undurchdringlichen Wänden. Und man sollte diese Behauptung nicht geringschätzen, war doch die hochnäsige und naive Belle Epoque ganz im Gegenteil darum bemüht, ihrer Klientel einzureden, daß ihre Divas nimmersatte Ungeheuer seien, privat wie öffentlich, männer- und vermögenverschlingende Frauen, Priesterinnen der raffiniertesten Ruchlosigkeiten im Boudoir.

Doch die Belle Epoque entfaltete ihren sündigen Prunk für eine reiche herrschende Klasse, der sie sowohl das Spektakel wie auch das Nach-Spektakel gewähren mußte, das heißt den vollen Besitz der Objekte als unveräußerliches Vorrecht des Geldes.

Der Striptease hingegen, den unsereiner sich heutzutage für recht bescheidene Summen zu jeder Tages- und Nachtzeit ansehen kann, auch in Hemdsärmeln, es gibt keine Kleiderordnung mehr, und sogar zweimal hintereinander, wenn einem danach ist, denn die Show läuft in Permanenz – der Striptease wendet sich an den Durchschnittsbürger, und indem er ihm seine Minuten der religiösen Sammlung gewährt, suggeriert er ihm unterderhand seine Theologie, die durch heimliche Überredung eingetrichtert und nicht *per quaestiones* dargelegt wird. Das Wesen dieser Theologie besteht darin, daß der Gläubige zwar die Pracht der weiblichen Fülle bewundern, aber nicht von ihr Gebrauch machen darf, denn dieses Recht steht ihm nicht zu. Gebrauchen kann er, wenn er will, die Frauen, die ihm von der Gesellschaft zugebilligt oder vom Schicksal zugeführt werden; doch ein maliziöses Plakat im »Crazy Horse« weist ihn darauf hin, daß er, falls er nachher zu Hause nicht mehr mit seiner Frau zufrieden sein sollte, sie zu Lockerungs- und Bewegungskursen schicken könne, welche die Direktion nachmittags für Studentinnen und Hausfrauen organisiere. Es bleibt ungewiß, ob diese Kurse tatsächlich existieren, auch ob der Kunde sich trauen wird, seiner Gattin den Vorschlag zu unterbreiten; was zählt, ist, daß sich der Zweifel in seine Gedanken einnistet: Wenn die Stripteaseuse *die* Frau ist, wäre dann seine Frau etwas anderes? Und wenn seine Frau sehr wohl als Frau anzusehen ist, wäre die Stripperin dann etwas Höheres – die Weiblichkeit, die Sexualität, die Ekstase, die Sünde, das Böse?

Auf jeden Fall ist sie das, was ihm, der sie betrachtet, nicht zusteht: der Ursprung, den er nicht zu fassen bekommt, das Ziel der Ekstase, das er nie erreichen darf, das Gefühl des Triumphes, das ihm versagt ist, die Fülle der Sinne und die Beherrschung der Welt, von denen ihm nur erzählt worden ist. Das typische Striptease-Verhältnis verlangt, daß die Frau, die das äußerste Schauspiel ihrer Möglichkeiten zur Befriedigung der Wünsche des Mannes gegeben hat, keinesfalls konsumierbar ist. Eine im »Concert Mayol« verteilte Broschüre, die mit angestrengt libertinösen Betrachtungen anfängt, endet mit einem aufschlußreichen Gedanken: Der Triumph der nackten Frau, heißt es da sinngemäß, die sich im Scheinwerferlicht den geilen Blicken eines vorgebeugten Parketts darbiete, bestehe genau in dem maliziösen Bewußtsein, daß in diesem Augenblick jeder, der sie da begaffe, sie mit seiner gewohnten häuslichen Kost vergleiche; er bestehe mithin im Bewußtsein einer Demütigung anderer, während das Vergnügen des Gaffenden zum Großteil aus der eigenen Demütigung resultiere, die als Wesen des Rituals empfunden, erlitten und akzeptiert worden sei.

Wenn psychologisch gesehen der Striptease ein sadomasochistisches Verhältnis begründet, ist soziologisch gesehen dieser Sadomasochismus wesentlich für die Lehre, die damit erteilt wird: Striptease demonstriert dem Betrachter, der sich mit der Frustration abgefunden hat und sie sucht, daß die Produktionsmittel nicht in seinem Besitz sind.

Doch wenn der Striptease soziologisch gesehen ein unleugbares Kasten- (oder meinetwegen auch Klassen-)Verhältnis ins Spiel bringt, so bewegt er metaphysisch gesehen den Betrachter zu einem Vergleich zwischen den ihm erlaubten Lüsten und denen, die ihm prinzipiell versagt sind: Er vergleicht die Wirklichkeit mit ihrem Modell, seine Weibchen mit der Idee von Weiblichkeit, seine sexuellen Erfahrungen mit der Idee von Sexualität, die Nackten, die er hat, mit der für ihn nie erreichbaren, überirdischen Nacktheitsidee. Danach muß er in seine Höhle zurück und sich mit den Schatten begnügen, die ihm zustehen. So führt der Striptease unterderhand die platonische Situation zurück auf die soziologische Realität der Unterdrückung und Fremdbestimmung.

Hinweggetröstet über die Tatsache, daß er zu den Schalthebeln des gesellschaftlichen Lebens keinen Zugang hat und daß das Modell seiner Erfahrungen sanktioniert ist durch ein Reich der Ideen, an dem er nichts zu ändern vermag, kann der Striptease-Betrachter getrost zu seinen Alltagspflichten zurückkehren, nachdem ihn das reinigende Ritual in seiner Rolle als stabile Stütze der bestehenden Ordnung bestätigt hat. Und die Häuser, die nicht so asketisch sind wie das »Crazy Horse« (ein Kloster für Zen-Mönche, höchster Grad der Vollendung), werden ihm gestatten, die Bilder dessen, was er gesehen hat, mit nach Hause zu nehmen, auf daß er im Jammer seiner *conditio humana* Trost finde an den unfrommen Praktiken, die ihm seine Andacht und seine Einsamkeit nahelegen.

(1960)

Phänomenologie des Quizmasters (Mike Bongiorno)

Der Mensch, den die Massenmedien umwerben, ist letztlich der unter allen seinesgleichen am meisten Respektierte: man verlangt von ihm nie, etwas anderes zu werden als das, was er schon ist. Mit anderen Worten, man weckt in ihm Wünsche, die man zuvor anhand seiner Neigungen modelliert hat. Da jedoch eine der narkotisierenden Kompensationen, auf die er Anspruch hat, die Flucht in den Traum ist, hält man ihm gewöhnlich Ideale vor, denen er strebend nacheifern kann. Um ihm dabei aber jede Verantwortung abzunehmen, sorgt man dafür, daß diese Ideale de facto unerreichbar sind, so daß sich sein Streben nach ihnen in einer bloßen Projektion erschöpft und nicht in eine Reihe effektiv auf Veränderung zielender Handlungen mündet. Kurzum, man fordert ihn auf, ein Mensch mit Kühlschrank und Farbfernseher zu werden, das heißt, so zu bleiben, wie er ist, und lediglich die Gegenstände, die er besitzt, um einen Kühlschrank und einen Farbfernseher zu vermehren; zum Ausgleich setzt man ihm als Ideal Figuren wie Kirk Douglas oder Superman vor. Das Ideal des Konsumenten der Massenmedien ist ein übermenschliches Wesen, das er nie wirklich zu werden beansprucht, aber das in der Phantasie zu verkörpern er sich vergnügt, so wie man vor dem Spiegel das Gewand eines anderen anprobieren kann, ohne auch nur daran zu denken, es eines Tages zu tragen.

Die neue Lage, in die uns das Fernsehen hier bringt, ist nun diese: Das Fernsehen bietet als Ideal, mit dem sich der Zuschauer identifizieren soll, nicht mehr den Supermann, sondern den Jedermann. Das Fernsehen präsentiert als Ideal den totalen Durchschnittsmenschen. Im Theater erscheint Juliette Gréco auf der Bühne und erzeugt sofort einen Mythos, begründet einen Kult; Josephine Baker entfesselte Anbetungsrituale und gab einer ganzen Epoche den Namen. Im Fernsehen kann das magische Gesicht der Juliette Gréco noch so oft erscheinen, der Mythos bildet sich nicht; das Idol ist nicht sie, sondern die Ansagerin, und die beliebteste Ansagerin ist die, die am besten die Durchschnittswerte verkörpert: bescheidene Schönheit, begrenzten Sex-Appeal, einen diskutablen Geschmack und eine gewisse häusliche Ausdruckslosigkeit.

Nun stellt der Durchschnitt im Bereich der quantitativen Phänomene nicht nur einen Mittelwert dar, sondern auch für den, der noch nicht so weit gelangt ist, ein Ziel. Wenn Statistik nach dem bekannten Witz diejenige Wissenschaft ist, für die ein Mann, der täglich zwei Hühner verzehrt, und ein anderer Mann, der keines verzehrt, zusammen zwei Männer ergeben, die jeder täglich ein Huhn verzehren – dann ist für den, der nichts hat, ein halbes Huhn täglich schon etwas Erstrebenswertes. Bei den qualitativen Phänomenen hingegen entspricht die Nivellierung auf den Mittelwert einer Nivellierung auf Null. Ein Mann, der *alle* moralischen und intellektuellen

Tugenden »in mittlerem Maße« hat, befindet sich unversehens auf einer minimalen Entwicklungsstufe. Die aristotelische »Mittigkeit« ist ein ausgeglichener Umgang mit den eigenen Leidenschaften, gestützt auf die erkennende Tugend der »Klugheit«, während einer, der seine Leidenschaften in mittlerem Maße auslebt und eine durchschnittliche Klugheit hat, ein klägliches Exemplar der menschlichen Gattung ist.

Den eklatantesten Fall einer Reduktion vom Supermann zum Jedermann haben wir in Italien in der Gestalt des TV-Quizmasters Mike Bongiorno und seiner Karriere. Idolisiert von Millionen, verdankt dieser Mann seinen Erfolg der Tatsache, daß aus jeder Handlung und jedem Wort der Figur, die er vor den Fernsehkameras verkörpert, eine absolute Mittelmäßigkeit spricht, verbunden mit (und dies ist die einzige Tugend, die er im Übermaß besitzt) einem direkten und natürlichen Charme, der sich durch die Tatsache erklären läßt, daß an ihm keinerlei Künstlichkeit oder Schauspielerei zu erkennen ist. Man möchte fast sagen: er verkauft sich als das, was er ist, und das, was er ist, ist so geartet, daß es keinem Zuschauer Minderwertigkeitsgefühle verursacht, nicht einmal dem unbedarftesten. Im Gegenteil, der Zuschauer sieht das Abbild seiner eigenen Beschränktheit glorifiziert und offiziell mit den Insignien einer nationalen Autorität ausgezeichnet.

Um diese enorme Macht des Quizmasters zu verstehen, ist eine Analyse seiner Verhaltensmuster erforderlich, eine regelrechte Phänomenologie des Mike Bongiorno – wobei selbstverständlich dieser Name nicht den Mann bezeichnet, sondern den von ihm so exemplarisch verkörperten Typ.

Mike Bongiorno ist nicht sonderlich gutaussehend, athletisch, mutig oder intelligent. Er repräsentiert, biologisch gesprochen, einen bescheidenen Grad von Anpassung an die Umwelt. Die hysterische Schwärmerei, mit der ihn die Teenager anhimmeln, ist zum Teil auf den Mutterkomplex zurückzuführen, den er in jungen Mädchen auszulösen vermag, zum Teil darauf, daß er durchblicken läßt, er könnte ein idealer Liebhaber sein, feinfühlig, fügsam, zärtlich und zuvorkommend.

Mike Bongiorno schämt sich seiner Unwissenheit nicht und hat keinerlei Drang, sich zu bilden. Er läßt sich auf Kontakte mit den höchsten Sphären des Wissens ein und geht jungfräulich unversehrt aus ihnen hervor, womit er im Zuschauer die natürliche Neigung zur Apathie und geistigen Faulheit bestärkt. Er achtet sorgfältig darauf, den Zuschauer nicht zu beeindrucken, indem er sich nicht nur unwissend zeigt, sondern auch entschlossen, nichts dazuzulernen.

Zum Ausgleich dafür legt Mike Bongiorno eine ehrliche und urwüchsige Bewunderung für den Gebildeten an den Tag. Dabei hebt er dessen manuelle Fertigkeiten hervor, sein Gedächtnis, seine evidente und elementare Methodik: Bildung erwirbt man, indem man viele Bücher liest und sich gut merkt, was in ihnen steht. Nicht im mindesten kommt ihm der Verdacht, daß Kultur eine kritische und kreative Funktion haben könnte. Er sieht sie als etwas rein Quantitatives. Und so gesehen (eben weil man, um gebildet zu sein, viele Jahre lang viele Bücher gelesen haben muß) ist es nur natürlich, daß der vom Schicksal nicht dazu Ausersehene gleich auf jeden Versuch verzichtet.

Mike Bongiorno bekundet ein grenzenloses und von größter Achtung genährtes Vertrauen in den Experten; ein Professor ist ein Gelehrter, er repräsentiert die autorisierte Kultur. Er ist der kompetente Fachmann, ihm als dem Zuständigen für das Thema stellt man die Fragen.

Die Bewunderung für Kompetenz und Kultur tritt freilich erst dann voll zutage, wenn jemand mit seiner Bildung Geld verdient. Dann nämlich stellt sich heraus, daß Bildung tatsächlich einen Nutzen hat. Der Mittelmäßige lehnt es ab, etwas hinzuzulernen, aber er nimmt sich vor, seinen Sohn studieren zu lassen.

Mike Bongiorno hat einen kleinbürgerlichen Begriff vom Geld und seinem Wert (»Denken Sie nur, jetzt haben Sie schon hunderttausend Lire gewonnen, das ist doch ein schönes Sümmchen!«). Er antizipiert die gnadenlosen Überlegungen, die der Fernsehzuschauer über den Quizteilnehmer anstellt: »Was meinen Sie, wie froh Sie über das viele Geld sein werden, Sie, der Sie immer mit einem so bescheidenen Einkommen leben mußten. Haben Sie jemals soviel Geld in der Hand gehabt?«

Wie die Kinder kennt Mike Bongiorno die Leute nach Berufen und spricht sie mit einer komischen Ehrerbietung an (Kinder sagen: »Entschuldigen Sie, Frau Wärterin . . .«), wobei er jedoch immer die gewöhnlichste und vulgärste, oft abschätzige Bezeichnung wählt: »Herr Straßenfeger, Herr Bauer . . .«

Er akzeptiert alle Mythen seiner Gesellschaft. Der

adligen Dame küßt er die Hand und erklärt, er tue das, weil es sich bei ihr um eine Gräfin handele.

Neben den Mythen akzeptiert er auch die Konventionen der Gesellschaft. Er verhält sich väterlich herablassend gegenüber den einfachen Leuten und ehrerbietig gegenüber den Höhergestellten.

Als einer, der Geld zu verteilen hat, neigt er instinktiv dazu, ohne es klar auszusprechen, mehr in Begriffen von Almosen als von Gewinn zu denken. Er scheint zu glauben, in der Dialektik der Klassen sei das einzige Mittel zum Aufstieg die Vorsehung (die gelegentlich das Gesicht des Fernsehens annehmen kann).

Mike Bongiorno spricht ein *basic italian*. Seine Sprache erreicht ein Höchstmaß an Simplizität. Er verbannt die Konjunktive und Nebensätze aus seiner Rede, es gelingt ihm beinahe, die syntaktische Dimension ganz verschwinden zu lassen. Er vermeidet Pronomen, um die Substantive dauernd in voller Länge zu wiederholen. Er bildet nur extrem kurze Sätze, er wagt sich nie an Einschübe oder Parenthesen, er gebraucht keine elliptischen Ausdrücke, macht keine Anspielungen und benutzt nur Metaphern, die längst zum normalen Sprachschatz gehören. Seine Sprache ist streng referentiell und wäre die reine Freude für Neopositivisten. Man braucht sich nicht im geringsten anzustrengen, um ihn zu verstehen. Jeder x-beliebige Zuschauer hat das Gefühl, im Zweifelsfalle beredter zu sein.

Mike Bongiorno kann sich nicht vorstellen, daß es auf eine Frage mehr als bloß eine Antwort geben könnte. Varianten sieht er mit Mißtrauen an. »*Na-*

bucco« und »*Nabuccodonosor*« sind nicht dasselbe: Auf gegebene Daten reagiert er wie ein Elektronengehirn, denn er ist fest davon überzeugt, daß A gleich A ist und *tertium non datur.* Aristotelisch aus Mangel, ist seine Pädagogik daher konservativ, paternalistisch und immobil.

Mike Bongiorno hat keinerlei Sinn für Humor. Er lacht, weil er mit der Realität zufrieden ist, nicht weil er fähig wäre, sie zu verzerren. Mit Paradoxen kann er nichts anfangen; wird er mit einem konfrontiert, wiederholt er es kopfschüttelnd und zugleich amüsiert, als wollte er sagen, der Gesprächspartner sei ein sympathischer Spinner; er weigert sich zu vermuten, daß im Paradox eine Wahrheit verborgen sein könnte, jedenfalls betrachtet er es nicht als zulässiges Ausdrucksmittel einer Meinung.

Er vermeidet jede Polemik, auch bei Themen, wo sie durchaus erlaubt ist. Er zögert nicht, sich nach den Bizarrerien des Wissens zu erkundigen (eine neue Strömung in der Kunst, eine abstruse Wissenschaftsdisziplin ... »Sagen Sie mal, man redet heute so oft von diesem Futurismus. Was ist das eigentlich genau, dieser Futurismus?«). Hat er die Antwort bekommen, versucht er die Frage nicht zu vertiefen, sondern gibt lieber seine höfliche Mißbilligung als braver Durchschnittsbürger zu verstehen. Trotzdem respektiert er die Meinung des anderen, aber nicht aus liberaler Überzeugung, sondern aus Desinteresse.

Von allen zu einem Thema möglichen Fragen wählt er die, die jedem beliebigen als erste einfallen und von jedem zweiten als zu banal verworfen würde: »Was soll dieses Bild darstellen?« – »Wieso haben Sie ein

Hobby gewählt, das so gar nichts mit Ihrer Arbeit zu tun hat?« – »Wie kommt man auf den Gedanken, sich mit Philosophie zu beschäftigen?«

Er treibt die Klischees zu ihren äußersten Konsequenzen. Ein von Nonnen erzogenes Mädchen ist tugendsam, ein Mädchen mit bunten Strümpfen und Pferdeschwanz ist »keß«. Er fragt die Brave, ob sie so werden wolle wie die andere; darauf hingewiesen, daß die Gegenüberstellung beleidigend ist, tröstet er die andere, indem er ihre körperlichen Vorzüge rühmt und so wieder die erste demütigt. In diesem schwindelerregenden Wirbel von einem Fauxpas zum anderen versucht er gar nicht erst, sich in Umschreibungen zu retten. Die Umschreibung ist bereits eine Raffinesse, und Raffinessen gehören zu einer Welt, die Mike Bongiorno fremd ist. Für ihn hat, wie gesagt, jedes Ding einen Namen und nur diesen einen, der rhetorische Kunstgriff ist eine Verfälschung des Echten. Im Grunde entspringt der Fauxpas immer einem Akt unverblümter Ehrlichkeit; ist die Ehrlichkeit beabsichtigt, so haben wir es nicht mit einem Fauxpas zu tun, sondern mit einer Herausforderung oder Provokation; zum Fauxpas (worin Bongiorno brilliert, nach Meinung der Kritiker und des Publikums) kommt es genau dann, wenn man aus Versehen oder Unüberlegtheit ehrlich ist. Je mittelmäßiger der Mittelmäßige ist, desto größer ist auch seine Tolpatschigkeit. Mike Bongiorno tröstet ihn damit, daß er den Fauxpas zur Würde einer rhetorischen Figur erhebt, und das im Rahmen eines sowohl vom zuständigen Sender wie von der zuschauenden Nation abgesegneten Protokolls.

Mike Bongiorno freut sich ehrlich mit dem Sieger, denn er honoriert den Erfolg. Am Verlierer höflich desinteressiert, zeigt er sich gleichwohl betroffen, wenn dieser in ernsthafte Schwierigkeiten gerät, und macht sich zum Promotor einer Wohltätigkeitsrunde, nach welcher er Zufriedenheit äußert und das Publikum zur Zufriedenheit überredet. Dann eilt er zu anderen Besorgungen weiter, bestärkt im Glauben an die Existenz der besten aller möglichen Welten. Er hat keine Ahnung von der tragischen Dimension des Lebens.

So überzeugt Mike Bongiorno das Publikum durch ein lebendiges und triumphierendes Beispiel vom Wert der Mediokrität. Er provoziert keine Minderwertigkeitskomplexe, obwohl er sich selbst als Idol präsentiert, und das dankbare Publikum lohnt es ihm mit seiner Liebe. Er repräsentiert ein Ideal, das zu erreichen sich niemand anstrengen muß, denn jeder ist schon auf seinem Niveau. Keine Religion war je so nachsichtig mit ihren Gläubigen. In ihm hebt sich die Spannung zwischen Sein und Seinsollen auf. Er sagt zu seinen Verehrern: Ihr seid Götter; bleibt, wie ihr seid.

(1961)

Le nouveau chat
(Eine Skizze)

Von der Ecke bis zum Tisch sind es sechs Schritte. Vom Tisch bis zur hinteren Wand sind es fünf Schritte. Gegenüber dem Tisch öffnet sich eine Tür. Von der Tür bis zu der Ecke, in welcher Ihr Euch befindet, sind es sechs Schritte. Wenn Ihr geradeaus seht, so daß Euer Blick das Zimmer diagonal in Richtung der gegenüberliegenden Ecke durchquert, während Ihr zusammengekauert in der Ecke hockt, die Schnauze ins Zimmer gerichtet, den Schwanz geringelt im Bemühen, gleichzeitig beide Wände zu bestreichen, die hinter Euch im rechten Winkel aufeinanderstoßen, so seht Ihr sechs Schritte vor Euch in Höhe Eurer Augen eine zylindrische Form in schimmerndem Dunkelbraun, gemasert mit einer Anzahl feiner Adern, in deren Mitte ein blaßweißes Herz zu erkennen ist, mit einer Abblätterung etwa fünf Zentimeter über dem Boden, die sich zu einer unregelmäßigen Rundung mit Tendenz zu einer ungenauen polygonalen Form von maximal zwei Zentimetern Durchmesser ausdehnt; sie enthüllt einen gleichfalls zu Weiß tendierenden Grund, dessen Weiß jedoch blasser als das der Adern ist, als hätte sich über längere Zeit und mit größerer Leichtigkeit darin der Staub abgelagert im Laufe der Tage oder Monate, der Jahrhunderte oder Jahrtausende. Oberhalb der Abblätterung fährt der Zylinder fort, seine schimmernde braune Oberfläche zu präsentieren, weiterhin unterbrochen von Adern, bis er in einer mittleren Höhe von einhundertzwanzig Zentimetern über dem Boden endet, direkt unter einem bedeutend größeren flachen Gebilde, das offenbar rechteckig ist, obwohl Euer Auge, das den Gegenstand längs der Diagonale von einer Ecke zur gegenüberliegenden anderen mustert, ihn tendenziell als eine Raute sieht. Auch gewahrt Ihr nun, wenn Ihr Euer Blickfeld erweitert, drei weitere zylindrische Körper, symmetrisch angeordnet sowohl zueinander wie auch zum ersten, so daß sie wie drei Spitzen einer weiteren Raute anmuten – während sie doch in Wahrheit, wenn sie, wie es Euch scheint, den großen rechteckigen Körper in einhundertzwanzig Zentimeter Höhe über dem Boden tragen, vermutlich ebenfalls auf die vier Ecken eines idealen Rechtecks verteilt sind.

Euer Blick erfaßt nicht genau, was auf der rechteckigen Platte liegt. Von ihrer Oberfläche ragt Euch eine rötliche Masse entgegen, ringsum eingefaßt von einer weißlichen Substanz. Die rötliche Masse liegt auf einem Blatt aus faltigem braungelbem Material, das an mehreren Stellen rot beschmiert ist, als ob die Masse etwas Lebendiges wäre, das einen Teil seines Lebenssaftes auf der faltigen braungelben Fläche hinterlassen hätte.

Jetzt, während Ihr weiterhin dicht vor Euren Pupillen den verworrenen fadenförmigen Vorhang Eurer Stirnhaare seht, der schützend über die Mandelform Eurer Augäpfel fällt, und etwas weiter entfernt, gleichsam in Perspektive, das kaum merkliche Zittern Eurer langen Schnurrbarthaare, entdeckt Ihr unversehens direkt vor Eurer Nase am Boden einen beweglichen faltigen roten Fleck, dessen Rot lebhafter ist als das der großen Masse auf der rechteckigen Oberfläche.

Bald seid es nun Ihr, der sich den Bart leckt angesichts der verlockenden großen rötlichen Masse, bald ist es die rötliche Masse, die, von Eurem Anblick erregt, Tropfen ihres Lebenssaftes auf das faltige braungelbe Blatt sickern läßt; bald seid es Ihr und die Masse zugleich, die sich gegenseitig verlockende Angebote machen. Es hat keinen Sinn, den Heuchler zu spielen: Ihr seid mal wieder dabei, nach dem Fleisch auf dem Tisch zu gieren.

Schon setzt Ihr an zu dem Sprung, der Euch in den Besitz des Fleisches bringen soll. Vom Epizentrum Eures Sprunges bis zur Oberfläche des Tisches sind es sechs Schritte, doch wenn Ihr die Augen in Richtung des Tischbeins senkt, erblickt Ihr jetzt dicht neben ihm zwei andere zylindrische Formen, ebenfalls braune, aber fließender und offenbar nicht so solide. Ihr bemerkt die Präsenz einer komplementären Entität, die weder der Tisch noch das Fleisch ist. Unter den fließenden Formen entdeckt Ihr auf Bodenhöhe ein Paar annähernd ovale braune Volumen, beide an der Oberseite zerteilt durch einen tiefen Schnitt, dessen Ränder durch überkreuzte, ebenfalls braune Bänder zusammengehalten werden. Jetzt wißt Ihr: Er steht neben dem Tisch, er steht neben dem Fleisch. An Euren Sprung ist nicht mehr zu denken.

Ihr fragt Euch, ob Euch das nicht schon einmal passiert ist und ob Ihr nicht eine ähnliche Szene auf dem großen Bild an der Wand gegenüber dem Tisch gesehen habt. Das Bild zeigt eine Taverne voller Leute mit einem Kind in einer Ecke; in der Mitte steht ein Tisch, auf dem ein großes Stück Fleisch liegt, und neben dem Tisch steht ein Soldat in einer weiten, fließenden Hose und einem Paar brauner Schuhe. In der gegenüberliegenden Ecke sieht man eine Katze, die gerade zu einem Sprung ansetzt. Doch wenn Ihr das Bild aus der Nähe betrachtet, erkennt Ihr klar und deutlich in der Pupille der Katze das Spiegelbild eines fast leeren Zimmers, in dessen Mitte ein Tisch mit zylindrischen Beinen steht, auf dem ein großes Stück Fleisch liegt, ausgepackt aus einem Stück faltigen, braungelben, da und dort von blutigen Spuren des Fleisches beschmierten Packpapieres, wie es von Metzgern benutzt wird. Neben dem Tisch steht niemand.

Plötzlich macht die Katze, die in dem klaren Spiegelbild der Pupille der Katze auf dem Bild erscheint, einen Sprung zu dem Fleisch auf dem Tisch; im selben Moment stürzt sich jedoch der neben dem Tisch auf dem Bild dargestellte Mann auf die Katze. Nun wißt Ihr nicht mehr, ob die entfliehende Katze die in der Pupille der Katze auf dem Bild widergespiegelte Katze oder die Katze auf dem Bild ist. Vermutlich seid Ihr es, der jetzt mit dem Fleisch im Maul entflieht, nachdem Ihr Euren Sprung getan habt. Und wer Euch dabei verfolgt, ist das Kind, das in der Ecke der Taverne gestanden hatte, diagonal gegenüber der Katze auf dem Bild.

Von Euren Augen bis zum Tisch sind es fünf Schritte, vom Tisch bis zur Wand gegenüber sechs Schritte, von der Wand bis zur Öffnung der Tür acht Schritte. Auf dem Tisch ist die große rötliche Masse des noch unversehrten Fleisches nicht mehr zu sehen. Auf dem Tisch im Bild liegt das Stück Fleisch noch, aber neben dem Tisch unterscheidet Ihr jetzt zwei Männer in weiten braunen Hosen. In der Ecke gegenüber derjenigen der Katze auf dem Bild sieht man nicht mehr das Kind. Im Spiegelbild der Pupille der Katze auf dem Bild sieht man nicht mehr, fünf Schritte vom Tisch entfernt, in der Ecke die Katze. Ihr leckt Euch befriedigt die Lefzen, Ihr genießt einen herben Nachgeschmack von Blut an Eurem Gaumen und auf den rauhen Papillen Eurer Zunge. Aber Ihr wißt nicht, ob Ihr es seid, der das Fleisch auf dem fünf Schritte von Euch entfernten Tisch gefressen hat, oder das Kind auf dem Bild oder die Katze, die im Spiegelbild der Pupille der Katze auf dem Bild zu sehen gewesen war. Das ist kein Leben.

Ihr würdet jetzt alles für einen Radiergummi geben, der diese Erinnerung auslöschen könnte. Euer Schwanz klopft träge an den Winkel von neunzig Grad, den die beiden hinter Euch zusammenstoßenden Wände bilden. Ihr fragt Euch, ob es Euer Katzenwesen ist, das Euch dazu bringt, die Welt in diesen objektiven Formen zu sehen, oder ob das Labyrinth, in dem Ihr Euch befindet, Euer vertrauter Lebensraum ist, Eurer wie der des Mannes neben dem Tisch. Oder ob womöglich Ihr wie der Mann lediglich Visionen eines auf Euch fixierten Auges seid, das Euch aus purer Lust am literarischen Spiel diesem Druck unterwirft? Wenn ja, dann ist das ungerecht. Es muß eine Beziehung geben, die Euch erlaubt, die Tatsachen, die Ihr miterlebt habt, zu vereinen. Die Tatsachen, die Euch miterlebt haben, die Tatsachen, die Ihr gewesen seid, mit denen Ihr gesehen worden seid. Die Tatsachen, mit denen Ihr Euch selber reglos gesehen habt, in einer mehrdeutigen Beziehung zu den Tatsachen, die mit Euch, der Ihr gesehen habt, gesehen worden sind. Ihr fragt Euch, ob Ihr handelndes Subjekt seid oder nur gehandeltes Objekt. Wenn der Mann einen Sprung in das Bild gemacht und das Kind mit den Zähnen gepackt hat, dann seid Ihr ihm gefolgt, hinein in das Bild und durch die offene Tür der Taverne hinaus auf die Straße, wo blaßweiße Schneeflocken treiben, erst schräg, dann immer gerader und immer dichter vor Euren Augen, nur mühsam erkennbar als feine fadenförmige Schatten, Spitzen, die undeutlich vor Euch zittern. Es sind Eure Schnurrbarthaare. Wenn der Mann das Fleisch genommen hat, wenn Ihr Euren Sprung getan hättet, wenn das Fleisch auf dem Tisch lag und das Kind in das Schneetreiben hinaus entflohen sein könnte, wer hätte dann das Fleisch genommen, das Ihr fressen werdet und das auf dem Tisch bleibt, wo Ihr es nun nicht mehr saht?

Aber Ihr seid eine Katze, vermutlich, und Ihr bleibt ein Objekt der Situation. Ihr könnt die Situation nicht ändern. Ihr wollt eine Veränderung der Situation, aber es könnte Eure Veränderung sein. Ihr könntet jedoch eine Katze nicht ändern. Dies ist Eure Welt. Das, woran Ihr denkt, ist eine Menschenwelt, von der Ihr nichts wißt, so wie die Menschen nichts von der Euren wissen. Gleichwohl reizt Euch die Idee.

Ihr fragt Euch, wie ein neuer Roman geartet sein könnte, dessen *spiritus rector* Ihr wäret, aber Ihr wagt nicht, ihn Euch vorzustellen, denn Ihr würdet die furchtbare Unordnung der Evidenz in die ruhige Unwahrscheinlichkeit Eures Labyrinths einführen.

Ihr denkt an die Geschichte einer Katze, genauer: eines durch Herkunft und Besitz respektablen Katers, dem unerwartet viele sehr schlimme Schicksalsschläge widerfahren. Das Leben dieses Katers wäre also erfüllt von Umschwüngen und dramatischen Wendungen, von höchst überraschenden Situationen des Wiedererkennens oder *Agnitionen* (er könnte mit der eigenen Mutter geschlafen oder den eigenen Vater erschlagen haben, um sich in den Besitz der großen Masse roten Fleisches zu bringen); und die Häufung all dieser Schicksalsschläge würde das Katzenpublikum auf den Zuschauerbänken mit Furcht und Mitleid erfüllen, bis die logische Abfolge der Ereignisse zu einer Katastrophe führte, in der sich alle Spannungen lösten, wodurch die anwesenden Katzen – samt Euch, der Ihr die Emotionen ausgelöst und gesteuert hättet – einer seelischen Reinigung oder *Katharsis* teilhaftig würden.

Ihr wißt nun, daß Euch eine solche Lösung zum Herrn des Zimmers und des Fleisches machen würde, vielleicht auch des Mannes und des Kindes. Leugnet nicht: Ihr fühlt Euch krankhaft angezogen von diesem Weg für eine zukünftige Katze. Aber man würde Euch des Avantgardismus zeihen. Ihr wißt, daß Ihr diese Geschichte nie schreiben werdet. Ihr habt sie niemals ersonnen. Ihr habt nie erzählt, daß Ihr sie angesichts eines Stückes Fleisch hattet ersinnen können. Ihr habt nie zusammengekauert in einer Ecke dieses Zimmers gehockt.

Jetzt hockt eine Katze in einer Ecke des Zimmers,

wo die beiden Wände in einem Winkel von neunzig Grad aufeinanderstoßen. Von der Spitze ihres Schnurrbarts bis zum Tisch sind es sechs Schritte.

(1961)

Das Ding

»Nun, Herr Professor?« fragte der General mit einem Anflug von Ungeduld.

»Nun was?« sagte Professor Ka. Aber man sah, daß er Zeit gewinnen wollte.

»Seit fünf Jahren arbeiten Sie nun hier, und nie hat Sie jemand gestört. Wir haben Ihnen vertraut. Aber wir können uns nicht ewig auf Ihr Wort verlassen. Wir wollen jetzt endlich was sehen!«

Es lag etwas Drohendes in der Stimme des Generals, und Ka zog eine gequälte Grimasse, aber dann deutete er ein Lächeln an.

»Sie haben mich in meinem schwachen Punkt getroffen, Herr General«, sagte er. »Ich wollte eigentlich noch warten, aber nun haben Sie mich provoziert. Ich habe etwas *gemacht*« – sein Ton sank fast zu einem Flüstern herab –, »etwas Großartiges ... Und, bei der Sonne, es wird Zeit, daß man es erfährt!«

Mit einer Handbewegung lud er den General ins Innere der Höhle ein. Er führte ihn nach hinten zu einer Stelle, die ein dünner greller Lichtstrahl erhellte, der durch einen schmalen Schlitz in der Wand eindrang. Und dort, auf einer glatten Steinplatte, lag das Ding.

Es war ein mandelförmiger, flacher, an einer Seite spitz zulaufender Gegenstand mit einer von vielen

Facetten gefurchten Oberfläche, ähnlich einem großen Diamanten, aber undurchsichtig und fast metallisch schimmernd.

»Hm«, machte der General verblüfft. »Das ist ein Stein.«

In des Professors blauen Augen unter den dichten buschigen Brauen glomm ein verschmitztes Leuchten auf. »Ja, gewiß«, sagte er, »das ist ein Stein, aber nicht einer, den man am Boden liegen läßt zwischen den anderen Steinen. Den hier nimmt man in die Faust.«

»In die Fau . . .?«

»In die Faust, General. Dieser Stein enthält mehr Macht, als sich die Menschheit je hätte träumen lassen, er enthält das Geheimnis der Energie, die Kraft von einer Million Menschen. Sehen Sie . . .«

Er krümmte die Finger zu Haken und wölbte die Handfläche zu einer Höhlung, legte sie auf den Stein und drückte fest zu, hob dann die Hand und mit ihr den Stein. Der Stein blieb an der Hand haften, der dickere Teil haftete an Ballen und Fingern, die Spitze schaute heraus und streckte sich nach unten, nach oben oder dem General entgegen, je nachdem, wie der Professor das Handgelenk drehte. Der Professor bewegte den Arm energisch, und die Spitze des Steins zeichnete eine Bahn in den Raum. Der Professor schwang den Arm von oben nach unten, bis die Spitze des Steins auf den bröckeligen Fels der Steinplatte traf. Und da geschah das Wunder: die Spitze traf auf den Felsen, drang in ihn ein und ließ ihn zersplittern. Der Professor wiederholte die Geste ein paarmal, die Spitze schnitt in den Fels, grub eine Furche hinein, dann ein Loch, dann eine kraterförmige Höhlung, indem sie den Fels zerkratzte, zerbrach und zerbröselte.

Der General sah mit weit aufgerissenen Augen und angehaltenem Atem zu. »Phänomenal«, murmelte er und schluckte.

»Und das ist noch gar nichts«, sagte der Professor triumphierend. »Das ist noch gar nichts, obwohl es Ihnen niemals gelungen wäre, so etwas mit den Fingern zu machen. Passen Sie auf!« Er nahm aus einem Winkel eine dicke Kokosnuß mit rauher, harter, unangreifbarer Schale und hielt sie dem General hin.

»Los«, sagte er, »drücken Sie diese Nuß mit beiden Händen zusammen, so daß sie zerbricht!«

»Also hören Sie, Ka«, stammelte der General mit bebender Stimme, »Sie wissen genau, daß so was nicht möglich ist, Sie wissen genau, daß niemand von uns in der Lage wäre ... Nur ein Dinosaurier schafft das, mit einem Fußtritt, nur Dinosaurier können das Fruchtfleisch essen und die Milch trinken ...«

»Na, dann passen Sie jetzt mal auf!« rief der Professor ganz aufgeregt. »Geben Sie acht!«

Er nahm die Nuß und legte sie auf die Platte, genau in die eben gegrabene Kraterhöhlung. Er packte den Stein an der Spitze und schwang den dicken Teil. Sein Arm vollführte eine rasche Bewegung, scheinbar fast ohne jede Anstrengung, der Stein krachte auf die Nuß und zerbrach sie. Die Flüssigkeit ergoß sich über den Felsen, und in der Höhlung blieben Schalenstücke liegen, die an der Innenseite das Fruchtfleisch darboten, weiß, taufrisch und einladend. Der General nahm ein Stück und schob es sich gierig in den Mund. Er blickte auf den Stein, auf Ka, auf das, was eben noch eine Kokosnuß gewesen war, und schien die Sprache verloren zu haben.

»Bei der Sonne, Ka!« stieß er endlich hervor. »Das ist ja wunderbar! Mit diesem Ding hat der Mensch seine Kraft verhundertfacht, damit kann er jedem Dinosaurier entgegentreten ... Er ist zum Herrn des Felsens und der Bäume geworden, er hat einen Arm hinzugewonnen, was sage ich, hundert Arme, ein Heer von Armen! Wo haben Sie das gefunden?«

Ka lächelte nachsichtig: »Ich habe es nicht gefunden. Ich habe es gemacht.«

»Gemacht? Was heißt das?«

»Das heißt, es hat vorher nicht existiert.«

»Sie sind verrückt, Ka!« schnappte der General. »Es muß vom Himmel gefallen sein, ein Bote der Sonne muß es gebracht haben, ein Luftgeist ... Wie soll es möglich sein, etwas zu machen, was vorher nicht existiert hat!?«

»Es *ist* möglich«, sagte Ka ruhig. »Es ist möglich, einen Stein zu nehmen und ihn so lange gegen einen anderen Stein zu schlagen, bis er die gewünschte Form hat. Es ist möglich, ihn so herzurichten, daß die Hand ihn fest umschließen kann. Und mit ihm in der Hand ist es möglich, viele andere zu machen, größere, spitzere. Den hier habe ich gemacht, General.«

Der General hatte dicke Schweißperlen auf der Stirn.

»Aber das müssen wir allen sagen, Ka! Die ganze Horde muß es wissen, unsere Männer werden unbesiegbar sein. Begreifen Sie nicht? Wir können jetzt sogar auf einen Bären losgehen; er hat zwar Krallen, aber wir haben jetzt dieses Ding, wir können ihn zerfleischen, ehe er uns zerfleischt hat, ihn niederschlagen, ihn töten! Wir können eine Schlange töten, eine Schildkröte zerschmettern, wir können sogar – große Sonne! – einen anderen Menschen töten!«

Der General hielt inne, erstarrt vor dem Gedanken. Dann faßte er sich, und ein kaltes Funkeln glomm in seinen Augen.

»Jawohl, so ist es, Ka! Wir können die Horde von Koammm angreifen, sie sind größer und stärker als wir, aber jetzt sind sie in unserer Gewalt, wir werden sie bis zum letzten Mann niedermachen! Ka, Ka!« Er packte ihn heftig an der Schulter. »Das ist der Sieg!«

Der Professor blickte ernst und beklommen. Zögernd sagte er: »Genau deshalb wollte ich das Ding nicht zeigen. Ich weiß, daß ich eine furchtbare Entdeckung gemacht habe. Ich habe etwas entdeckt, das die Welt verändern wird. Ich weiß. Ich habe die Quelle einer immensen Energie entdeckt. Nie hat man etwas dergleichen auf Erden gesehen. Aber genau deshalb will ich nicht, daß es die anderen erfahren. Mit diesem Ding würde der Krieg zum Selbstmord, General. Sehr bald würde die Horde von Koammm lernen, sich ebenfalls solche Dinger zu machen, und im nächsten Krieg gäbe es weder Sieger noch Besiegte. Dieses Ding hier habe ich als ein Instrument des Friedens und des Fortschritts gedacht, aber jetzt weiß ich, daß es etwas Tödliches werden könnte. Ich werde es zerstören.«

Der General schien außer sich.

»Sind Sie wahnsinnig, Ka? Dazu haben Sie kein Recht! Das sind doch nur Ihre blöden Skrupel als Wissenschaftler. Sie haben fünf Jahre hier drinnen in dieser Höhle verbracht, Sie wissen nichts von der Welt! Sie wissen nicht, daß wir an einer Wende für die Zivilisation stehen, denn wenn die Horde von Koammm siegt, gibt es keinen Frieden, keine Freiheit, keine Freude mehr für die Menschen. Wir haben die heilige Pflicht, dieses Ding zu besitzen! Wer sagt denn, daß wir es gleich benutzen werden? Es genügt schon, daß man weiß, daß wir es besitzen. Wir werden es den Feinden in einer Demonstration vorführen. Danach mag man Regeln für seinen Einsatz aufstellen, aber solange wir's haben, wird keiner wagen, uns anzugreifen. Derweil können wir es benutzen, um Gräber zu graben, neue Höhlen zu bauen, Früchte zu knacken und den Boden zu ebnen! Es genügt, das Ding zu haben, man muß es gar nicht zum Einsatz bringen. Es ist ein Abschreckmittel, Ka, es wird uns die Horde von Koammm über viele Jahre vom Leibe halten!«

»Nein, nein, nein!« erwiderte Ka mit bedrückter Miene. »Sobald wir es einmal in Händen haben, wird uns niemand mehr aufhalten können. Es muß zerstört werden.«

»Also dann sind Sie ein nützlicher Idiot, Ka!« schrie der General bleich vor Wut. »Sie spielen das Spiel unserer Feinde, Sie sind ein Krypto-Koammmit, wie alle diese Intellektuellen Ihres Schlages, wie dieser Dichter, der gestern abend so gefühlsduselig von der Einheit aller Menschen schwärmte! Sie glauben nicht an die Sonne!«

Ka zuckte zusammen. Er senkte den Kopf, seine Augen wurden klein und traurig unter dem dicken Gebüsch der Brauen.

»Ich wußte ja, daß es dahin kommen würde. Ich bin keiner von denen, und das wissen Sie. Aber ich weigere mich, und zwar wegen des fünften Gebotes der Sonne, einem Ansinnen zu entsprechen, das den Zorn der Geister auf mich ziehen könnte. Denken Sie, was Sie wollen. Aber dieses Ding wird nie diese Höhle verlassen.«

»Und ob es sie verlassen wird, und zwar sofort! Für den Ruhm der Horde, für die Zivilisation, für den Wohlstand, für den Frieden!« schrie der General. Er packte das Ding mit der Rechten, wie er's bei Ka gesehen hatte, und ließ es mit aller Kraft, mit aller Wut, mit allem Haß auf den Kopf des Professors niedersausen.

Die Schädelknochen von Ka zerbarsten unter dem Hieb, ein Strom von Blut quoll aus seinem Mund. Ohne einen Laut von sich zu geben, sank er zu Boden und färbte die Felsen rings um sich rot.

Der General sah verstört auf das Werkzeug in seiner Hand. Dann begann er zu lächeln, und es war ein triumphierendes, grausames, unerbittliches Lächeln.

»Und das ist erst der Anfang!« murmelte er.

...

Die Runde der reglos um den großen Baum herum hockenden Kreaturen schwieg nachdenklich. Baa, der Dichter, wischte sich den Schweiß ab, der ihm in Strömen den nackten Leib heruntergelaufen war in der Anstrengung des Erzählens. Dann drehte er sich zu dem Baum, unter dem der Häuptling saß, der lustvoll auf einer dicken Wurzel kaute.

»Großmächtiger Szdaa«, sagte er demütig, »ich hoffe, daß dir meine Geschichte gefallen hat.«

Szdaa machte eine gelangweilte Geste. »Ich verstehe euch junge Leute nicht. Oder vielleicht werde ich langsam alt. Du hast eine schöne Phantasie, mein Junge, da gibt's nichts zu sagen. Aber ich mag nun mal keine Science-fiction. Ich kann's nicht ändern, mir sind die historischen Romane immer noch lieber.«

Er hob die Hand und winkte einen Alten mit pergamentenem Gesicht an seine Seite. »Mein guter Kgru«, sagte er, »du bist vielleicht kein Meister des Neuen Gesanges, aber du kannst noch Geschichten mit Saft und Kraft erzählen. Jetzt du.«

»Jawohl, großmächtiger Szdaa«, sagte der alte Kgru, »ich werde dir eine Geschichte von Liebe, Leidenschaft und Tod erzählen. Eine Chronik des vergangenen Jahrhunderts. Sie heißt ›Das Geheimnis des Primaten‹ oder ›Das Verschwinden des Fehlenden Gliedes‹.«

(1961)

Brief an meinen dreijährigen Sohn

Lieber Stefano,
Weihnachten naht, bald wimmeln die Kaufhäuser wieder von aufgeregten Vätern, die das Schauspiel der jährlichen Großzügigkeit aufführen – nachdem sie mit scheinheiliger Freude auf diesen Moment gewartet haben, der ihnen erlaubt, sich unter dem Deckmantel der Beglückung ihrer Kinder die heißersehnten elektrischen Eisenbahnen, Puppentheater, Tischfußball- und Heimpingpongspiele zu kaufen. Ich werde nur zuschauen, denn dieses Jahr bin ich noch nicht an der Reihe, du bist noch zu klein, und für das Anthroposophen-Spielzeug kann ich mich nicht erwärmen, vielleicht weil ich keine Lust verspüre, es mir in den Mund zu stecken, auch wenn mir die Beischrift versichert, daß man es nicht verschlucken kann. Nein, ich muß noch zwei, drei, vielleicht auch vier Jahre warten. Dann bin ich an der Reihe, dann ist die Phase der mütterlichen Erziehung vorbei, dann endet die Zeit der Teddybären, und es kommt der Tag, da ich beginnen werde, mit der sanften und sakrosankten Gewalt meiner *patria potestas* dein soziales und staatsbürgerliches Bewußtsein zu formen. Und dann, lieber Stefano . . .

Dann schenke ich dir Gewehre. Doppelläufige. Mit Repetiermechanik. Schnellfeuer- und Maschinengewehre. Kanonen. Bazookas. Säbel. Kriegsstarke

Heere von Bleisoldaten. Burgen mit Zugbrücken. Festungen zum Belagern. Kasematten, Pulvertürme, Panzerkreuzer, Düsenjäger. MPs, Dolche, Trommelrevolver. Colts, Rifles, Winchesterbüchsen, Chassepot-, Garand- und Mausergewehre, Mörser, Musketen, Haubitzen, Bombarden, Feldschlangen, Arkebusen, Ballisten, Armbrüste, Katapulte, Schwerter, Speere, Lanzen, Piken, Hellebarden und Enterhaken. Und Achtpfünder wie die von Captain Flint (in memoriam Long John Silver und Ben Gun). Und Rapiere, wie sie Don Barrejo gefielen, Toledo-Klingen wie jene, mit denen man den berühmten Drei-Pistolen-Coup macht, um den Marquis von Montélimar niederzustrecken, oder den Neapolitanerstich, mit dem der Baron de Sigognac den ersten Strauchdieb durchbohrte, der ihm seine Isabelle rauben wollte. Und weiter Streitäxte, Keulen, Morgensterne, Krummsäbel, Krise, Wurfmesser, Javelots, Dolchstöcke wie der, an dem John Carradine starb, als er getroffen auf der Stromschiene niedersank, und wer's nicht mehr weiß, hat Pech gehabt. Dazu Piratendegen, vor denen Carmaux und Van Stiller erbleichen würden, und feinziselierte Pistolets, wie kein Sir James Brook sie jemals besaß (sonst hätte er sich nicht geschlagen gegeben vor der sardonischen x-ten Zigarette des Portugiesen); und Stilette mit dreikantiger Klinge wie jenes, mit welchem, indes sachte der Tag zur Neige ging in Clignancourt, Sir Williams' Schüler den Finsterling Zampa ins Jenseits beförderte nach vollbrachtem Muttermord an der schmierigen alten Fipart; und Todesbirnen, wie sie dem Kerkermeister La Ramée ins Maul gestopft wurden, während der Duc de Beaufort, das rötliche Barthaar noch verschönt durch lange Pflege mit bleiernem Kamm, von dannen ritt im Vorgeschmack auf den Zorn Mazarins; und Feuermünder, geladen mit Nägeln, abzuschießen mit betelgeschwärzten Zähnen; und Flinten mit perlmuttgeschmücktem Kolben, anzulegen auf Araberhengste mit glänzendem Fell und nervösem Huf; und blitzschnelle Bögen, die den Sheriff von Nottingham hätten grün werden lassen vor Neid; und Skalpiermesser, wie sie Minnehaha besaß oder auch (für Kinder von deutschen Müttern) Winnetou. Flache Brownings, passend zum Frack des Gentleman-Räubers, und schwere Luger, die einem die Taschen ausbeulen oder die Achseln aufblähen wie bei Michael Shayne. Und immer wieder Gewehre. Gewehre in allen Größen und Arten, Typ Bärentöter und Henrystutzen, Typ Ringo in Stagecoach, Typ Wild Bill Hickock oder, als Vorderlader, Typ Lederstrumpf. Mit einem Wort: Waffen, mein Sohn, massenhaft Waffen und nichts als Waffen. Das wird dir der Weihnachtsmann bringen.

Sie setzen mich in Erstaunen, mein Herr, wird man sagen. Sie, der Sie in einem Anti-Atomwaffen-Komitee engagiert sind, der Sie an Ostermärschen teilnehmen und sich zur Mystik des Pazifismus bekennen!? Widerspreche ich mir? Nun gut, ich widerspreche mir (Walt Whitman).

Es war eines Morgens in Frankfurt am Main, ich hatte dem Sohn eines Freundes ein Mitbringsel von der Reise versprochen, betrat ein Kaufhaus und fragte nach einem schönen Trommelrevolver. Entsetzte Blikke. Kriegsspielzeug führen wir nicht, mein Herr! Eisig, das Blut konnte einem in den Adern gerinnen.

Beschämt trat ich auf die Straße hinaus und lief direkt in zwei vorübergehende Bundeswehrsoldaten hinein. Die Wirklichkeit hatte mich wieder. Sie sollte mich nie mehr narren, von nun an würde ich einzig auf meine persönlich-private Erfahrung bauen und den Moralaposteln mißtrauen.

Meine Kindheit war ausgesprochen, ja fast ausschließlich kriegerisch gewesen: Ich schoß mit selbstgebastelten Blasrohren in die Büsche, duckte mich hinter die spärlichen Autos am Straßenrand und feuerte Salven aus meinem Repetiergewehr; ich führte mit blanker Waffe Attacken und verlor mich in blutigen Schlachten. Zu Hause Bleisoldaten, ganze Armeen, involviert in aufreibenden Strategien, in Operationen, die Wochen dauerten, in nicht enden wollenden Feldzügen, für die ich noch die Reste des Teddybären und die Puppen der Schwester mobilisierte. Ich gründete Räuber- und Abenteurerbanden, ließ mich von einer Handvoll Getreuer »Schrecken der Piazza Genova« nennen (heute Piazza Matteotti), löste eine Formation »Schwarze Löwen« auf, um mich einer anderen, stärkeren Bande anzuschließen, in der ich sodann eine Meuterei inszenierte, die katastrophal ausging. Ins Monferrat evakuiert, wurde ich zum Eintritt in die »Bande des Gäßchens« gezwungen und erduldete eine Initiationszeremonie, bestehend aus einhundert Fußtritten in den Hintern plus dreistündiger Gefangenschaft in einem Hühnerstall; wir kämpften gegen die Bande vom Rio Nizza, es waren dreckige und gemeine Kerle, das erste Mal kriegte ich Angst und lief weg, das zweite Mal traf mich ein Stein an der Lippe, ich habe noch heute ein Knötchen innen im Mund, das ich mit der Zunge fühlen kann. (Später kam dann der richtige Krieg, die Partisanen ließen uns ein paar Sekunden lang ihre Sten halten, und wir sahen auch ein paar Freunde daliegen mit einem Loch in der Stirn; aber inzwischen waren wir in das Alter gekommen, wo wir am Ufer des Belbo entlangschlichen, um die Achtzehnjährigen beim Knutschen zu überraschen, außer in den Momenten der ersten mystischen Krisen.)

Aus dieser Orgie von Kriegsspielen ist ein Mann hervorgegangen, der es geschafft hat, achtzehn Monate Militärdienst zu absolvieren, ohne ein Gewehr zu berühren, um statt dessen die langen Stunden in der Kaserne für intensive Studien der mittelalterlichen Philosophie zu nutzen. Ein Mann, der sich mit allerlei Ruchlosigkeiten befleckt hat, nicht aber mit dem tristen Delikt der Waffenliebe und des Glaubens an den heiligen Wert und die wirkende Kraft des Krieges. Ein Mann, der den Wert von Armeen nur begreift, wenn er sie aufgelöst heimkehren sieht im Schlamm des Vajont auf der Suche nach einer noblen und nützlichen Aufgabe im Zivilleben. Der absolut nicht an Heilige Kriege glaubt und nur Bürgerkriege zu schätzen weiß – jene *civil wars*, also »zivilen Kriege«, in denen die Kämpfenden nur widerwillig kämpfen, an den Haaren hineingezogen, auf eigene Gefahr und Verantwortung, immerzu hoffend, daß es bald enden möge, und nur weil es wirklich um jenes essentielle Stück Menschenwürde geht, von dem man nicht absehen kann. Und ich glaube, daß ich diesen meinen tiefen, systematischen, kultivierten und dokumentierten Widerwillen gegen den Krieg eben jenen gesunden, unschuldigen, platonisch blutigen Ausschweifungen meiner Kindheit verdanke, so wie man aus einem Western (mit einer soliden Riesenkeilerei, bei der die Saloonwände wackeln, die Tische und Spiegel zu Bruch gehen, auf den Pianisten geschossen wird und die Gläser zerklirren) geläutert herauskommt, gelöst und friedlich und voller Bereitschaft, den Passanten, der einen anrempelt, freundlich anzulächeln und den aus dem Nest gefallenen kleinen Sperling behutsam aufzulesen – wie schon der alte Aristoteles wußte, als er verlangte, die Tragödie solle vor unseren Augen das rote Banner des Blutes schwenken, um uns zu läutern und gründlich zu reinigen mit dem göttlichen Bittersalz der finalen Katharsis.

Und ich stelle mir demgegenüber die Kindheit Eichmanns vor. Wie er sich geduldig, der Blick schon ganz Buchhalter des Todes, über die schwierige Konstruktion aus dem Metallbaukasten beugt und pedantisch die Instruktionen der Bauanleitung befolgt; wie er sich gierig über die bunte Schachtel mit der Aufschrift »Der kleine Chemiker« hermacht; wie er sich sadistisch seine Ausrüstung als »Der fröhliche Zimmermann«, komplett mit handbreitem Hobel und zwanzig Zentimeter langer Säge, auf einer Sperrholzplatte zurechtlegt. Oh, fürchtet die kleinen Jungen, die Kräne basteln! In ihren kalten und verdrehten Technikerhirnen brauen sich schon die unheilvollen Komplexe zusammen, von denen sie dann im reifen Alter beherrscht sein werden. In jedem kleinen Ungeheuer, das die Weichen seiner Modelleisenbahnanlage stellt, sehe ich schon den künftigen Lagerkommandanten eines KZ. Und wehe, wenn sie ihre

Kollektionen von Miniaturautos lieben, die ihnen die Spielzeugindustrie ohne Skrupel in Plastikmodellen anbietet, perfekt mit aufklappbarem Kofferraum und herunterdrehbaren Fensterscheiben – grauenvoll, grauenerregendes Spielzeug für künftige Techniker eines elektronischen Heeres, die leidenschaftslos den roten Knopf zur Auslösung eines Atomkrieges drükken!

Ihr könnt sie schon heute identifizieren. Die großen Bauspekulanten, Spezialisten für Räumungsklagen mitten im Winter, die ihre Persönlichkeit beim Monopoly ausgeprägt haben, jenem infamen Spiel, das sie früh lehrte, sich an den Gedanken des An- und Verkaufs von Immobilien und des ungerührten Abstoßens von Aktienpaketen zu gewöhnen. Die Pères Grandet von heute, die den Geschmack an Akkumulation und Börsengewinnen bei ihren Lottospielchen bekamen. Die Bürokraten des Todes, die sich am Metallbaukasten schulten, die toten Seelen der Bürokratie, die ihre Seelen abzutöten begannen, als sie mit den Formularen, Stempeln und Briefmarken ihrer »Kleinen Post« spielten ...

Und morgen? Was wird aus Kindern, denen der industrielle Weihnachtsmann amerikanische Puppen beschert, die sprechen und singen und sich von alleine bewegen können? Japanische Automaten, die springen und tanzen, ohne daß sich die Batterien erschöpfen? Ferngesteuerte Automobile, deren Mechanik man nie ergründet ...

Stefano, mein Sohn, ich werde dir Gewehre schenken. Denn ein Gewehr ist kein Spiel. Es ist ein Anstoß zu einem Spiel. Mit ihm mußt du eine Situation erfinden, ein Beziehungsgeflecht, eine Dialektik von Ereignissen. Du machst Peng mit dem Mund und entdeckst, daß dein Spiel soviel taugt, wie du selber hineinlegst und nicht schon vorfabriziert darin findest. Du stellst dir vor, daß du Feinde vernichtest, und befriedigst damit einen Urtrieb, den keine Zivilisation dir je austreiben wird (außer sie macht dich zum Neurotiker, reif für betriebliche Eignungstests à la Rorschach). Aber bald geht dir auf, daß dein Feindevernichten eine Spielkonvention ist, ein Spiel unter anderen Spielen, und so lernst du es als ein wirklichkeitsfernes Treiben erkennen, dessen Grenzen dir beim Spielen durchaus bewußt sind. Du reagierst deine Wut und deine Komplexe ab und wirst frei für andere Botschaften, die weder Tod noch Zerstörung betreffen, ja es wird wichtig sein, daß dir Tod und Zerstörung für immer als Phantasiegebilde erscheinen, wie Rotkäppchens böser Wolf, den wir alle als Kinder gehaßt haben, ohne deshalb einen irrationalen Haß auf Wolfshunde zu entwickeln.

Aber vielleicht ist das noch nicht alles und noch nicht genug. Ich werde dir nicht erlauben, mit deinen Colts einfach wild in der Gegend herumzuballern, bloß zur spielerischen Abreaktion deiner Urinstinkte, ich werde den konstruktiven Teil der Erziehung, die Vermittlung von Werten, nicht auf die Zeit nach vollbrachter Abreaktion verschieben. Nein, ich werde versuchen, dir etwas mitzugeben, *während* du hinter dem Sessel hervorballerst.

Vor allem werde ich dich nicht lehren, auf die Indianer zu schießen. Ich werde dir beibringen, auf die Schnaps- und Waffenhändler zu schießen, die den

Indianern die Widerstandskräfte zerstören. Und auf die Sklavenhalter des Südens, denn es versteht sich, daß du als ein Lincoln-Mann schießt. Ich werde dir nicht beibringen, auf die Kannibalen im Kongo zu schießen, sondern auf die Elfenbeinhändler, und in einem Moment der Schwäche hole ich dann vielleicht einen Kessel, und wir kochen gemeinsam den Doktor Livingstone, *I suppose*. Wir werden auf seiten der Araber gegen Lawrence kämpfen, der mir sowieso nie als ein Vorbild an Männlichkeit für brave kleine Jungen erschienen ist, und wenn wir Römer spielen, stehen wir auf seiten der Gallier, die ja Kelten waren, wie wir Piemontesen, und sauberer als jener Julius Cäsar, den du schon früh mit Mißtrauen zu betrachten lernen solltest, denn man nimmt einem demokratisch verfaßten Gemeinwesen nicht die Freiheit, um ihm dafür nach dem Tod als gnädiges Almosen die Gärten und Parks zum Spazierengehen zu überlassen. Wir werden mit Häuptling Sitting Bull gegen den Widerling General Custer kämpfen. Und in China mit den Boxern natürlich. Und mit Fantomas eher als mit Juve, der zu pflichtbewußt war, um sich zu weigern, gelegentlich einen Algerier niederzuknüppeln. Aber jetzt mache ich Spaß: natürlich werde ich dir sagen, daß Fantomas ein Bösewicht war, aber ich werde nicht hingehen und dir erzählen (als Komplize der korrumpierenden Baroness Orczy), daß Scarlet Pimpernel ein Held gewesen wäre. Er war ein dreckiger Konterrevolutionär, der dem braven Danton und dem unbestechlichen Robespierre Scherereien machte, und wenn wir diese Geschichte spielen, wirst du am Sturm auf die Bastille teilnehmen.

Oh, das werden herrliche Spiele sein, und denk nur, wir werden sie gemeinsam spielen! Was, Ihr meint, wir sollten Kuchen essen statt Brot? *Allons, vite,* Monsieur Santerre, laßt die Trommeln rühren, Tricoteusen aller Länder, vereinigt euch zum fröhlichen Stricken. Heute spielen wir die Enthauptung der Marie Antoinette. Perverse Erziehung? Wer sagt das? Sie, mein Herr, der Sie Filme machen über den angeblichen Helden Fra Diavolo, diesen übelsten aller Straßenräuber im Solde der Großgrundbesitzer und der Bourbonen? Haben Sie je Ihrem Sohn beigebracht, zur Abwechslung einmal Carlo Pisacane[1] zu spielen – oder haben Sie nicht eher zugelassen, daß unsere Schulmeister und der Reimeschmied Mercantini ihn weiter, wie gehabt, unseren Kindern als netten blonden Idioten zum Auswendiglernen vorführen?[2]

Und Sie, mein Herr, der Sie doch sozusagen ein geborener Antifaschist sind, haben Sie je mit Ihrem Sohn Partisanen gespielt? Sich hinters Bett geduckt und gerufen, als wären Sie beim Maquis in den Bergen: »Achtung, Schwarzbrigadisten von rechts, voll draufhalten, Feuer frei auf die Nazis!« – Nein, Sie schenken Ihrem Sohn lieber bunte Bauklötzchen und schicken ihn mit dem Kindermädchen ins Kino, wo er rassistische Filme sieht, in denen die Vernichtung der Indianer verherrlicht wird . . .

So, lieber Stefano, werde ich dir Gewehre schenken. Und dich lehren, sehr komplexe Kriege zu spielen, in denen die Wahrheit nie bloß auf *einer* Seite zu

[1] Italienischer Patriot und Sozialrevolutionär, 1818–1857 *(A. d. Ü.).*
[2] Anspielung auf das patriotische Gedicht *La spigolatrice di Sapri* von Luigi Mercantini, 1821–1872 *(A. d. Ü.).*

finden ist, in denen man manchmal – wie bei uns am 8. September 43 – Seitenwechsel vollziehen muß. Du wirst dich austoben in deinen jungen Jahren, deine Ideen werden ein bißchen durcheinandergeraten, aber langsam werden sich Überzeugungen in dir bilden. Und später, wenn du erwachsen bist, wirst du glauben, daß *alles* nur ein Märchen gewesen war – Rotkäppchen, Aschenbrödel, die Gewehre und die Kanonen, der Mensch gegen den Menschen, die Hexe gegen die sieben Zwerge, die Armeen gegen die Armeen. Und sollten dann zufällig, wenn du groß bist, die Monstergestalten deiner Kinderträume noch nicht verschwunden sein – die Hexen, die Kobolde, die Armeen, die Bomben, die Zwangsrekrutierungen –, wer weiß, vielleicht hast du dann eine kritische Haltung zu Märchen gewonnen und gelernt, dich kritisch in der Wirklichkeit zu bewegen.

(1964)

Industrie und sexuelle Repression in einer norditalienischen Gesellschaft

Vorliegende Untersuchung wählt sich als Forschungsgebiet den Siedlungsraum Mailand im nördlichen Teil der italienischen Halbinsel, einem vatikanischen Protektorat der Mediterranen-Gruppe. Mailand liegt etwa 45 Breitengrade nördlich von Melanesien und etwa 35 Breitengrade südlich vom Nansen-Archipel im Arktischen Eismeer. Es liegt also annähernd in der Mitte zwischen den zivilisierten Weltgegenden, und obwohl leichter erreichbar als die Eskimopopulationen, ist es abseits der diversen ethnographischen Reiserouten geblieben. Den Rat, eine Untersuchung über Mailand vorzunehmen, verdanke ich Herrn Professor Korao Paliau vom Anthropologischen Institut der Admiralsinseln, und ermöglicht worden ist mir das Unternehmen durch die großzügige Hilfe der Aboriginal Foundation of Tasmania, die mir einen *grant* in Höhe von vierundzwanzigtausend Hundezähnen zur Deckung der Reise- und Ausrüstungskosten gewährt hat. Ferner hätte ich nach meiner Rückkehr das Material nicht in der erforderlichen Ruhe sichten und diesen Bericht abfassen können, hätten mir nicht Herr und Frau Pokanau von der Insel Manus einen Pfahlbau abseits des üblichen Lärms der Trepang-Fischer und Kopra-Händler, die leider so manche Gegend unseres schönen Archipels unbewohnbar gemacht haben, zur Verfügung gestellt. Und schließlich hätte ich weder die Druckfahnen korrigieren noch die bibliographischen Angaben in den Fußnoten einsetzen können ohne die liebevolle Mitarbeit meiner Frau Aloa, die sich klaglos immer wieder bereitfand, die Anfertigung von Puablütenkränzen zu unterbrechen, um zur Ankunft des Postbootes an den Strand zu laufen und mir die riesigen Kisten mit Dokumenten in den Pfahlbau zu bringen, die ich mir jeweils vom Anthropological Documentation Center of Samoa kommen ließ und die mir zu schwer gewesen wären.

Jahrelang waren alle, die sich mit den Sitten und Gebräuchen der okzidentalen Völker beschäftigten, von einem vorgefaßten theoretischen Raster ausgegangen, das ihnen jede Möglichkeit zum Verständnis der fremden Kultur verbaute. Die Abwertung der Okzidentalen als Primitive, bloß weil sie sich einem Kult der Maschine ergeben und noch weit entfernt sind von einem lebendigen Kontakt zur Natur, ist ein typisches Beispiel für dieses Arsenal falscher Vorstellungen, mit dem unsere Großeltern sich daran gemacht hatten, die farblosen Menschen und insbesondere die Europäer zu beurteilen. Ein falsch verstandener historistischer Ansatz führte zum Glauben, in allen Zivilisationen liefen ähnliche kulturelle Zyklen ab, weshalb man, wenn man zum Beispiel das Verhalten einer angelsächsischen Gesellschaft erforschte, von der Annahme ausging, sie befinde sich einfach in einem früheren Stadium unserer Entwicklung, und nach einer entsprechenden Weiterentwicklung würde sich ein Bewohner von Glasgow ganz wie ein Melanesier verhalten. Wir verdanken es dem erhellenden Werk der verehrten Kollegin Poa Kilipak, wenn sich allmählich der Begriff des »Kulturmodells« mit seinen verblüffenden Konsequenzen durchgesetzt hat: Ein Bewohner der Siedlung Paris zum Beispiel lebt gemäß einem Ensemble von Normen und Gewohnheiten, die sich zu einem organischen Ganzen fügen und eine bestimmte Kultur von ebenso hohem Wert wie die unsere hervorbringen, auch wenn sie in anderen Modi abläuft. Mit dieser Erkenntnis war der Weg frei geworden für eine anthropologisch korrekte Erforschung des farblosen Menschen und für ein Verständnis der okzidentalen Zivilisation (denn es handelt sich bei ihr durchaus – man mag mir zynischen Relativismus vorwerfen – um eine Zivilisation, auch wenn sie nicht den Modi der unseren folgt; und es ist nicht gesagt, man gestatte mir die Bemerkung, daß unsere Gewohnheit, barfuß auf Palmen zu klettern und Kokosnüsse zu pflücken, ein höherentwickeltes Verhalten bezeuge als die Gewohnheit des Primitiven, im Jet durch die Lüfte zu reisen und dabei Chips aus einer Plastiktüte zu knabbern).

Allerdings hat auch der neue anthropologische Ansatz Raum für gravierende Mißverständnisse geboten, zum Beispiel wenn der Forscher, gerade weil er dem erforschten »Modell« die Würde einer Kultur zuerkannte, sich auf die unmittelbar von den zu beschreibenden Eingeborenen produzierten historischen Dokumente bezog, um aus ihnen die Charakteristika der fraglichen Gruppe zu deduzieren.

1. Die Hypothese von Dr. Dobu de Dobu (Dobu)

Ein typisches Beispiel dieser »historiographischen Illusion« haben wir, gerade im Hinblick auf das Dorf Mailand, in einem 1950 erschienenen Buch von Dr. Dobu de Dobu (Dobu), betitelt ›Die italienischen Dörfer und der Kult des *Risorgimento*‹, in dem der Forscher versucht, die Geschichte der Apenninenhalbinsel anhand des historischen Schrifttums der Eingeborenen zu rekonstruieren.

Dr. Dobu zufolge war die Halbinsel im vergangenen Jahrhundert Schauplatz erbitterter Kämpfe mit dem Ziel, die verstreuten Dörfer unter eine gemeinsame Herrschaft zu bringen, was von einigen Dörfern angestrebt wurde, während andere sich der Vereinigung heftig widersetzten. Die nach Einheit strebenden Gemeinwesen bezeichnet Dr. Dobu als revolutionär oder *»risorgimental«* (in Anspielung auf einen damals verbreiteten Kult der Auferstehung oder Wiedergeburt, der wahrscheinlich schamanistische Ursprünge hatte) und die auf ihrer Selbständigkeit beharrenden als »reaktionär«.

Folgendermaßen schildert Dr. Dobu – in seinem eigentümlichen Stil, dem wir eher die Verdienste der literarischen Ausschmückung als die der wissenschaftlichen Strenge zuerkennen wollen – die damalige Lage:

Lodernd durchzuckte das Verlangen nach nationaler Wiedergeburt oder Risorgimento *die ganze Halbinsel, aber die Reaktion blieb wachsam, um Patrioten und Bürger allesamt unter dem österreichischen Stiefel zu halten. Gewiß erfüllte nicht alle italienischen Staaten gleichermaßen der Drang nach Wiedervereinigung, doch zweifelsohne war es das Bourbonenreich von Neapel, das die Fackel des Aufstandes hochhielt. Wenn wir den Dokumenten glauben dürfen, war es gerade der König beider Sizilien, der jene Militärakademie der* Nunziatella *gründete, aus welcher die glühendsten Patrioten hervorgehen sollten: Morelli, Silvati, Pisacane, De Sanctis. Diesem aufgeklärten Monarchen war also die Wiedergeburt Italiens zu verdanken. Derweilen agierte jedoch im verborgenen ein obskurer Österreich-Anhänger namens Mazzini, über den die Geschichten wenig berichten, nur daß er fortwährend falsche Komplotte schmiedete, die dann in aller Regel wie zufällig aufgedeckt und vereitelt wurden, so daß die besten und tapfersten Patrioten, schlau von Mazzini angestachelt, in die Hände der Österreicher fielen und entweder umgebracht oder eingesperrt wurden. Ein weiterer schrecklicher Feind des Risorgimento war Silvio Pellico: Der Leser, der die Seiten des schmalen Büchleins überfliegt, in dem er Bericht von seiner Gefangenschaft in einem österreichischen Kerker gibt, hat sehr deutlich den Eindruck, daß ein solches Werk für die Vereinigung Italiens schlimmer gewesen sein muß als eine verlorene Schlacht. Denn einerseits malt der heimtückische Erzähler ein idyllisches, kitschiges Bild von einem mährischen Kerker als Ort keuscher Freuden, wo man mit leutseligen Wärtern über Fragen des menschlichen Lebens diskutiert, Liebschaften, wenn auch nur platonische, mit kleinen Mädchen hat, Insekten zähmt und sich frohgemut amputieren läßt, so groß ist das Können der kaiserlichen Chirurgen (ein Können, das die Amputierten in doppeldeutiger Weise mit Blumengebinden belohnen). Andererseits zeichnet Pellico in seinem Büchlein mit subtiler Bosheit ein so enttäuschendes Bild des italienischen Patrioten, den er als unfähig zur Gewalt und zum Kämpfen hinstellt, als ganz und gar unempfänglich für jede Leidenschaft, schüchtern und frömmelnd, daß die Lektüre dieser Seiten sicher Legionen junger Menschen vom Kampf für die nationale Wiedergeburt abgehalten hat (ähnlich wie es in den amerikanischen Nordstaaten einem Opus mit dem Titel ›Onkel Toms Hütte‹ gelang, die Negersklaven so gründlich zu diskreditieren, indem es sie als dumm, treuherzig und bar jeder Energie hinstellte, daß die Folgen noch heute in den Südstaaten nachwirken, die längst zu unbelehrbaren Gegnern einer so minderwertigen Rasse geworden sind). Singulär war die Lage der Sardischen Staaten, also der Savoyer in Turin, die sich anscheinend nicht für die Probleme der nationalen Vereinigung interessierten. Von ihnen weiß man nur, daß sie die piemontesische Armee in Mailand genau während eines Aufstandes intervenieren ließen und es dabei fertigbrachten, die Lage so zu verwirren, daß der Aufstand zusammenbrach und die Stadt samt Rebellen den Österreichern in die Hände fiel. Im übrigen war der Turiner Premier Cavour die meiste Zeit damit beschäftigt, den Interessen anderer Länder zu dienen, zuerst indem er die Franzosen in einem Krieg gegen die Russen unterstützte, der mit Piemont nicht das allergeringste zur tun hatte, dann, indem er sich viel Mühe gab, fremden Monarchen die Gunst piemonte-*

sischer Adelsdamen zu verschaffen. Sonst sind offenbar keine Versuche zu einer Vereinigung Italiens unternommen worden, außer eben, wie gesagt, im Königreich der beiden Sizilien – und nur dem unbeugsamen Willen der Bourbonen ist es zu verdanken, daß Piemont, wie in manchen Texten zu lesen steht, dann einen uruguayischen Abenteurer auf sie zu hetzen suchte.

All diese Manöver hatten jedoch letztlich nur ein Ziel, nämlich jene italienische Macht einzudämmen, die mehr noch als die Bourbonen, aber nicht auf militärischer Ebene, sondern auf der des Überzeugens und Denkens, unbeirrbar die Einheit Italiens betrieb: die römische Kirche. Gestützt auf das Werk von klugen Männern des Glaubens, wirkte der Kirchenstaat unermüdlich für die Zusammenführung Italiens unter einer Regierung. Es war ein harter und leidenschaftlicher Kampf, in dessen Verlauf das Papsttum auch zu so subtilen Winkelzügen griff wie dem, die piemontesischen Bersaglieri nach Rom zu locken, um sich auf diese Weise auch eine starke Armee zu verschaffen. Es war ein zäher und langer Kampf, der erst ein gutes Jahrhundert später definitiv entschieden war, nämlich am 18. April 1948, als sich die ganze Halbinsel endlich unter dem Zeichen des Kreuzes vereinigt sah.

Soweit Dr. Dobu de Dobu. Was aber sieht nun ein Anthropologe, der heute nach Mailand kommt, von der zwar primitiven, aber politisch wohlorganisierten Lage, die Dobus lachhafte Geschichtsschreibung durchblicken läßt? So traurig es klingen mag, der

Befund erlaubt nur zwei Hypothesen: Entweder ist es in den letzten Jahren zu einer Regression gekommen, die alle Spuren der von Dobu skizzierten politischen Organisation ausgelöscht hat, oder das Gemeinwesen Mailand ist abseits der großen Umwälzungen geblieben, die den Rest der Apenninenhalbinsel erschüttert haben, und zwar aufgrund des zutiefst kolonialen und passiven Charakters seiner Einwohner, der sie resistent gegen jede Akkulturation macht und zu einer hektischen sozialen Mobilität verurteilt, wie man sie ja nicht selten in primitiven Gesellschaften antrifft.

2. Das »Wilde Denken« (Feldforschungsbericht)

Der Tagesablauf des Mailänder Eingeborenen richtet sich nach den elementaren Rhythmen der Sonne. Frühmorgens steht er auf, um sich seinen stammestypischen Tätigkeiten zu widmen: Stahlsammeln in den Plantagen, Anbau von Metallprofilen, Gerben von Plastikstoffen, Handel mit Kunstdünger, Säen von Transistoren, Weiden von Lambrettaherden, Zucht von Alfaromeos und so weiter. Gleichwohl liebt der Eingeborene seine Arbeit nicht und tut alles nur Erdenkliche, um ihren Beginn hinauszuzögern. Dabei scheinen ihm eigentümlicherweise die Dorfhäuptlinge zu helfen, indem sie zum Beispiel die gewohnten Transportwege absperren, die alten Trambahngleise herausreißen lassen, den Verkehr behindern durch breite gelbe, auf die Saumpfade gemalte

Streifen (mit klarer Tabu-Bedeutung) und schließlich an den unerwartetsten Stellen tiefe Löcher graben, so daß viele Eingeborene hineinstürzen und vermutlich den lokalen Göttern geopfert werden. Es ist schwer, das Verhalten der Häuptlinge psychologisch zu erklären, doch sicher steht diese rituelle Zerstörung der Kommunikationswege in einem Zusammenhang mit Auferstehungsriten (die Vorstellung ist offenbar: wenn Scharen von Menschen im Innern der Erde zusammengepfercht werden, gehen aus ihrer Opferung wie aus Samenkörnern neue, stärkere und robustere Individuen hervor). Doch der Stamm hat sofort mit einem unverkennbar neurotischen Syndrom auf dieses Verhalten seiner Häuptlinge reagiert, indem er einen offenbar spontan gezeugten Kult ausbildete, der ein wahrhaft exemplarisches Beispiel kollektiver Exaltation darstellt: den sogenannten »Transport-U-Bahn-Kult« (*cargo-tube cult*). Zu bestimmten Zeiten verbreitet sich überall im Dorf »Das Gerücht«, und die Eingeborenen werden von dem fast mystischen Glauben durchdrungen, eines Tages würden enorme Gefährte in Röhren unter der Erde zirkulieren, um jedes Individuum mit wunderbarer Geschwindigkeit an jeden beliebigen Punkt der Siedlung zu bringen. Dr. Muapach, ein seriöses und gut präpariertes Mitglied meiner Expedition, hat sich sogar gefragt, ob »Das Gerücht« womöglich auf irgendwelchen realen Fakten beruht, und ist in jene Höhlen hinabgestiegen; aber er hat nichts gefunden, was das Gerede auch nur im entferntesten hätte rechtfertigen können.

Daß die Dorfaltesten den Stamm bewußt im unklaren lassen wollen, beweist ein allmorgendliches Ritual, die Lektüre einer Art heiliger Botschaft, welche die Oberen ihren Untertanen im Morgengrauen zukommen lassen, ungeachtet des Namens »Abendkurier«. Das Heilige oder Hieratische dieser Botschaft wird durch die Tatsache unterstrichen, daß die darin mitgeteilten Nachrichten völlig abstrakt sind und keinerlei Bezug zur Wirklichkeit haben; in manchen Fällen ist der Realitätsbezug, wie wir feststellen konnten, zum Schein gegeben, so daß dem Eingeborenen eine Art Gegen- oder Idealrealität vorgegaukelt wird, in welcher er sich zu bewegen meint wie in einem Wald von lebenden Säulen, mit anderen Worten, in einer eminent symbolischen und heraldischen Welt.

Ständig in diesem Zustand der Verwirrung gehalten, lebt der Eingeborene in einer andauernden Spannung, die abzuführen ihm die Häuptlinge nur an den kollektiven Festen erlauben, wenn die Bevölkerung massenhaft in riesige ellipsenförmige Bauwerke strömt, aus denen ein pausenloses gräßliches Brüllen ertönt.

Wir haben vergeblich versucht, in eines dieser Gebäude hineinzugelangen; mit einer primitiven, aber höchst gerissenen Diplomatie haben uns die Eingeborenen jedesmal daran gehindert, indem sie uns aufforderten, am Eingang symbolische Botschaften vorzuweisen, die es anscheinend zu kaufen gab, aber für die man uns eine so große Zahl von Hundezähnen abverlangte, daß wir den Preis nicht hätten bezahlen können, ohne die Expedition danach abzubrechen. So blieb uns nichts anderes übrig, als die Darbietung von außen zu verfolgen. Zuerst vermuteten wir, gestützt auf das pausenlose hysterische Brüllen, es handle sich um orgiastische Riten, dann aber ging uns die schreckliche Wahrheit auf: In diesen wohlabgeschirmten Bauten obliegen die Eingeborenen, mit dem Konsens ihrer Häuptlinge, kannibalischen Riten, indem sie Menschen verzehren, die sie von anderen Stämmen käuflich erworben haben. Die Nachricht von solchen Ankäufen wird sogar in den gewohnten hieratischen Morgenbotschaften mitgeteilt, in denen man Tag für Tag eine regelrechte Chronik der gastronomischen Neuerwerbungen finden kann. Aus dieser Chronik geht hervor, daß die farbigen Fremden und die Angehörigen einiger nordischer Stämme, vor allem aber die Südamerikaner besonders geschätzt werden. Soweit wir die Sache rekonstruieren konnten, werden die Opfer in großen Portionen verschlungen, in sogenannten »Partien«, die aus mehreren Individuen zusammengesetzt sind, nach komplizierten Rezepten, die öffentlich in den Straßen bekanntgemacht werden und in denen sich eine Kunst der Dosierung nicht ohne alchimistische Untertöne ausdrückt, mit Formeln wie »2 zu 1«, »3 zu 2« oder »4 zu 0« ... Daß der Kannibalismus gleichwohl nicht nur eine religiöse Vorschrift darstellt, sondern ein weitverbreitetes und tief in der ganzen Bevölkerung eingewurzeltes Laster, zeigt sich an den enormen Summen, welche die Eingeborenen für den Ankauf von Menschenfleisch auszugeben bereit sind.

Es scheint allerdings, daß in den bessergestellten Kreisen diese allsonntäglichen Gelage eine ausgesprochene Abscheu hervorrufen, so daß im selben Moment, in dem der größere Teil des Stammes sich zu den kollektiven Menschenfressereien begibt, die anderen eine verzweifelte Flucht über alle Ausfallstraßen des Dorfes antreten, so daß sie sich im Gedränge verletzen, einander mit ihren Fahrzeugen überrollen und in blutigen Karambolagen das Leben verlieren. Es scheint, als erblickten diese anderen, von einer Art Raserei ergriffen, das einzige Heil in der Straße zum Meer.

Wie gering das Verstandesniveau der Eingeborenen ist, zeigt sich daran, daß sie offenbar gar nicht wissen, daß Mailand nicht am Meer liegt, und ihr Erinnerungsvermögen ist so schwach, daß sie sich jeden Sonntagmorgen erneut auf die übliche hektische Flucht begeben, um dann am selben Abend in verschreckten Herden zurückzukehren und Zuflucht in ihren Hütten zu suchen, bereit, ihr blindes Abenteuer über Nacht zu vergessen.

Im übrigen wird der junge Eingeborene schon von frühester Kindheit an so erzogen, daß Unsicherheit und Verwirrung die Grundlage aller seiner Handlungen bilden. Typisch in dieser Hinsicht sind die »Übergangsriten«, die in unterirdischen Lokalen stattfinden, wo die Heranwachsenden in ein von Verboten beherrschtes Sexualleben eingeführt werden. Bezeichnend dafür ist die Art, wie sie tanzen, nämlich indem sich ein Junge und ein Mädchen frontal voreinander aufstellen, mit den Hüften wackeln, die eckig angewinkelten Arme vor- und zurückbewegen, aber sorgfältig darauf achten, einander nicht zu berühren. Schon aus dieser Art zu tanzen spricht ein totales Desinteresse der beiden Partner füreinander, die darüber hinaus auch so wenig voneinander wissen, daß, wenn der eine sich vorbeugt, um die übliche

Position des Geschlechtsaktes einzunehmen – dabei dessen rhythmische Phasen mimend –, der andere wie erschrocken zurückfährt und sich der Annäherung zu entziehen sucht, indem er sich rücklings manchmal bis fast zum Boden hinunterbeugt; doch im selben Moment, in dem der Vorgebeugte dem anderen so nahe gekommen ist, daß er zugreifen und sich seiner bedienen könnte, schnellt er in die Ausgangsposition zurück und stellt die Distanz wieder her. Die scheinbare Asexualität dieses Tanzes (ein echter Initiationsritus, geprägt vom Ideal der absoluten Enthaltsamkeit) kompliziert sich jedoch durch einige obszöne Details. Denn statt daß der männliche Tänzer seinen entblößten Penis normal zur Schau stellt und unter dem Beifall der Menge rotieren läßt (wie es bei uns jeder x-beliebige Junge tut, wenn er an einem Tanzfest auf der Insel Manus oder anderswo teilnimmt), hält er ihn sorgsam bedeckt (und der Leser kann sich vorstellen, welche Abscheu auch der vorurteilsloseste Zuschauer bei diesem Anblick empfinden muß). Desgleichen zeigt die Tänzerin nie ihre Brüste, sondern hält sie schamlos vor allen Blicken verborgen, wodurch sie offen zur Erzeugung unbefriedigter Wünsche beiträgt, die nicht umhinkönnen, tiefste Frustrationen hervorzurufen.

Das Prinzip der Frustration als konstitutives Element der Kinder- und Jugenderziehung scheint im übrigen auch die Versammlungen der Älteren zu bestimmen, die gleichfalls in abgesonderten Räumen stattfinden und in denen scheinbar eine Rückkehr zu den Grundwerten der natürlichen Moral gefeiert wird: Es erscheint eine Tänzerin auf einer Bühne, schlüpfrig in Gewänder gehüllt, die sie langsam auszieht, um immer mehr von ihrem Körper zu zeigen, so daß der Zuschauer annehmen muß, es bereite sich eine kathartische Lösung der angestauten Emotionen vor, die eintreten werde, sobald sich die Tänzerin schamhaft hüllenlos zeigt. In Wahrheit jedoch – und zwar auf ausdrücklichen Befehl der Häuptlinge, wie wir feststellen konnten – behält die Tänzerin bis zuletzt einige wesentliche Kleidungsstücke an oder tut bloß so, als ob sie sie abstreifen wollte, um dann jedoch im selben Moment, in dem sie dazu ansetzt, in der Dunkelheit zu verschwinden, die sich schlagartig über die Bühne legt. So verlassen die Eingeborenen diese Lokale aufgewühlt und mit ungestilltem Verlangen.

Die Frage, die sich indes dem Forscher hier stellt, ist diese: Sind die stammestypische Verwirrt- und Frustriertheit des Mailänder Eingeborenen das Ergebnis einer bewußt darauf angelegten Erziehung, oder haben sie einen tieferen Grund, der womöglich mit dem Wesen des Mailänder Raumes zusammenhängt und somit auch die Entscheidungen der Häuptlinge und der Priester bestimmt? Eine schreckliche Frage, denn falls dem so wäre, hätten wir den Finger auf die Ursprünge der den Eingeborenen eigenen magischen Mentalität gelegt und würden niedersteigen zu den dunklen Müttern, den Quellen der geistigen Nacht dieser primitiven Horde.

3. Das Paradox der Porta Ludovica
(Studie in topologischer Phänomenologie)

Zur Erklärung sowohl der für die Mailänder typischen Verwirrung und Passivität wie auch ihrer beharrlichen Resistenz gegen jede Akkulturation haben andere Forscher bereits zu einer Hypothese gegriffen, die auf ethnologischer Ebene erstmals von der verehrten Kollegin Dr. Poa Kilipak vorgebracht worden war: Der geborene Mailänder habe das undeutliche Bewußtsein, in einem »magischen Raum« zu leben, in dem die Bestimmungen vorn-hinten-rechts-links nicht gälten und infolgedessen jede Orientierung, ja sogar jede zweckgerichtete Operation unplanbar sei (woraus für den Eingeborenen eine Atrophie diverser Zerebralfunktionen und ein mittlerweile angeborener Passivitätszustand resultieren würde). Der Raum, in dem sich Mailand erstreckt, wäre mithin nach dem Verständnis der Eingeborenen (oder wäre »tatsächlich«, folgt man jenen Forschern, die offenbar mehr zu einer effektiven Anerkennung der magischen Kategorien neigen) ein instabiler Raum, der jeden Versuch einer Richtungsbestimmung zum Scheitern verurteilt und das Individuum ins Zentrum eines permanent variierenden Koordinatensystems versetzt; mit anderen Worten, er wäre ein »topologischer« Raum, nicht unähnlich dem, in welchem sich eine Mikrobe befände, die sich entschlossen hätte, ihr Domizil in einer Kaugummikugel zu nehmen, und zwar während der Zeitspanne (für die Mikrobe: der »Geschichtsepoche« oder gar der »erdgeschichtlichen Ära«), in welcher der Kaugummi von einem makroskopisch dimensionierten Wesen gekaut würde.

Meisterhaft hat den Charakter des »Mailänder Raumes« Professor Moa in seinem Buch ›Das Paradox der Porta Ludovica oder Die mehrdeutige Triangulation‹ beschrieben. Jedes Individuum, sei es ein zivilisierter Bewohner der Marquesas-Inseln oder ein europäischer Wilder- argumentiert Moa –, bewegt sich im Raum mit Hilfe von »Orientierungsprojekten«, die es durch »Triangulationen« realisiert. Diese Triangulationen beruhen auf der Akzeptierung des euklidischen Begriffsapparats einer planen Geometrie, deren modellhafte Parameter die Figuren des Quadrats, des Dreiecks und des Kreises sind. Ein Wilder aus Turin beispielsweise, der gewohnt ist, das Denkmal für Vittorio Emanuele auf einer geraden Linie von der Porta Nuova aus zu erreichen, also einfach dem Corso Vittorio Emanuele bis zu einem Punkt X zu folgen, weiß aufgrund geeigneter Triangulationen, daß er denselben Punkt auch über eine »quadratförmige Deviation« erreichen könnte, nämlich auf dem Umweg über die Seiten des Quadrates »Porta Nuova – Via Sacchi – (Winkel von 90 Grad) – Corso Stati Uniti – (Winkel von 90 Grad) – Corso Re Umberto – Corso Vittorio Emanuele bis Punkt X« (Abb. 1).

Ebenso weiß ein Eingeborener in Paris, der die Strecke »Place de l'Etoile – Place de la Bastille« zurückgelegt hat, daß er einer Geraden gefolgt ist, welche die beiden Endpunkte eines Kreissegments nach Art einer Bogensehne verbindet; daß er jedoch, wenn er nun

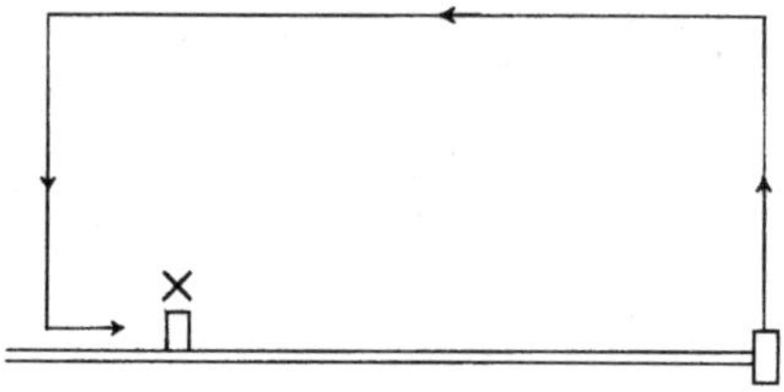

Abb. 1

zum Etoile zurückwollte, diesen auch über das Kreissegment selbst erreichen könnte, also von der Bastille über die Boulevards Richard-Lenoir und Voltaire zur Place de la République, dann über die Boulevards Saint-Martin, Saint-Denis, Bonne Nouvelle, Poissonnière, Montmartre, Haussmann und schließlich durch die Avenue de Friedland bis zum Etoile (Abb. 2).

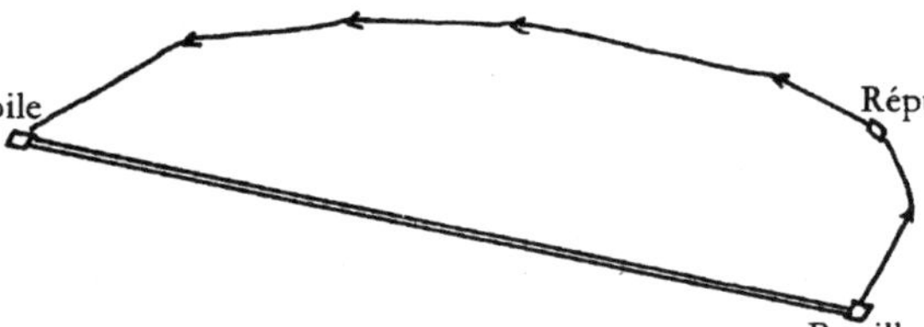

Abb. 2

Anders liegen die Dinge in Mailand, wo es das Paradox der Porta Ludovica gibt. Hören wir, was Moa darüber sagt:

Angenommen, ein Mailänder Eingeborener hat sich zu einem so hohen Abstraktionsniveau aufgeschwungen, daß es ihm gelungen ist, die einfachste Hypothese über seinen Lebensraum aufzustellen, nämlich daß

Mailand eine spiralförmig-zirkuläre Struktur hat. Natürlich könnte kein Eingeborener in Mailand jemals zu einer solchen Operationsfähigkeit gelangen, da ihn ja eben der topologische Raum, in dem er lebt, unfähig zur Konzeption irgendeines stabilen Schemas macht. Doch betrachten wir die Hypothese einmal als gegeben, so würde sich unser Eingeborener die Struktur von Mailand mehr oder minder wie die Oberfläche eines Gemäldes von Hundertwasser vorstellen. Nehmen wir also an, der Betreffende hat in der Vergangenheit folgende Erfahrung gemacht (auch die Hypothese, daß es ihm gelungen sein könnte, sich nach gemachter Erfahrung noch an diese zu erinnern und eine Prognose aus ihr abzuleiten, ist rein theoretischer Art): Er hat gelernt, daß man die Porta Ludovica vom Domplatz aus über die Gerade »Via Mazzini – Corso Italia« erreichen kann; des weiteren hat er gelernt, daß man den Piazzale Cantore (die Porta Genova) vom Domplatz aus über die Linie »Via Torino – Carrobbio – Via Correnti – Corso di Porta Genova« erreichen kann; ausgehend von der Hypothese, die beiden Achsen stellten zwei Speichen eines Rades dar, in dem der Domplatz die Nabe wäre, hat der Betreffende nun die Verbindung »Piazzale Cantore – Porta Ludovica« über das Kreissegment »Viale d'Annunzio – Porta Ticinese – Viale Giangaleazzo« ausprobiert. Seine Voraussicht ist von Erfolg gekrönt worden. So hat er unbedachterweise daraus eine allgemeine Regel abgeleitet, als ob der Raum, in dem er sich bewegt, stabil und unveränderlich wäre, und hat eine weitere Operation versucht: Nach Entdeckung der Achse »Piazza Duomo – Via Torino –

Via Correnti – Via San Vincenzo – Via Solari – Piazza Napoli« hat er auch diese als eine Speiche des Rades interpretiert und sich vorgenommen, die Piazza Napoli mit der Porta Ludovica über die Kreislinie zu verbinden. Er weiß, daß die dritte Speichenachse länger als die beiden vorherigen ist und daß infolgedessen der Kreis, auf dem sich die Piazza Napoli befindet, weiter außen verläuft als der Kreis mit der Porta Ludovica (Abb. 3).

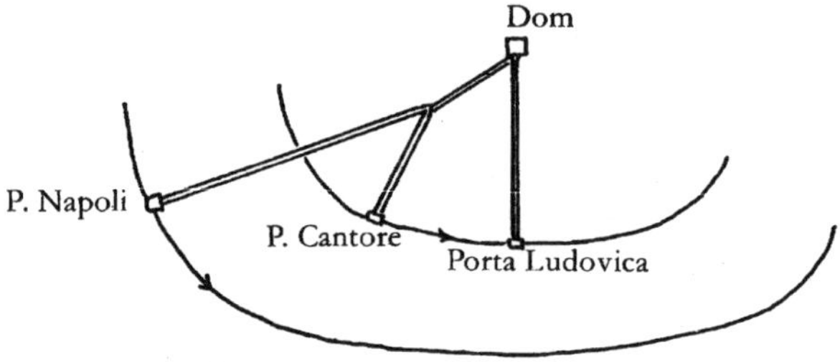

Abb. 3

Daher beschließt er, an einem bestimmten Punkt seinen Kurs zu korrigieren und von der äußeren Kreisbahn in Richtung Zentrum abzubiegen. Er beginnt also seinen Gang in Viale Troya, folgt dem Bogen von Viale Cassala bis Viale Isonzo, biegt halblinks in Richtung Zentrum ab, läuft durch Viale Umbria, Viale Piceno, Viale dei Mille, Viale Abruzzi; auf dem Piazzale Loreto angelangt, biegt er erneut halblinks in Richtung Zentrum ab (andernfalls würde er, das weiß er, in Monza landen), trabt durch Viale Brianza und weiter bis Viale Jenner, biegt neuerlich leicht nach innen ab, ständig seinen Kurs justierend, pas-

siert Via Caracciolo, Piazza Firenze, Viale Teodorico und erreicht den Piazzale Lotto; dort, in der Sorge, noch immer nicht weit genug in die inneren Windungen der Spirale gelangt zu sein, biegt er von neuem in Richtung Zentrum ab und folgt der Linie Viale Migliara, Viale Murillo, Viale Ranzoni, Viale Bezzi, Viale Misurata. Und an diesem Punkt stellt er fest, daß er sich wieder auf der Piazza Napoli befindet, nachdem er einmal rund um Mailand gelaufen ist (Abb. 4).

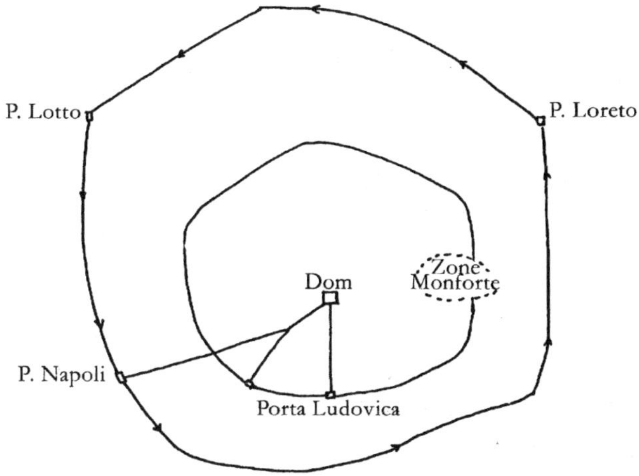

Abb. 4

Die Versuche haben gezeigt, daß der Ärmste von diesem Moment an zunehmend jede Fähigkeit zur Aufstellung von Prognosen verliert. Sooft er seinen Kurs auch in Richtung Zentrum korrigieren mag, um den Kreis scheinbar immer enger zu ziehen, er wird zur Porta Ticinese und zur Piazza Medaglia d'Oro gelangen, aber niemals zur Porta Ludovica. Das legt die

Vermutung nahe, daß die Porta Ludovica für den, der im Mailänder Raum von der Piazza Napoli aus durch Triangulationen vorgeht, nicht existiert. *Tatsächlich ist jedes lineare Projekt von nun an unweigerlich zum Scheitern verurteilt. Die Orientierungsprojekte mögen sich unter Verzicht auf jede vorgefaßte Schematisierung des Mailänder Raumes voranzutasten versuchen, faktisch wird es für das Subjekt unmöglich sein, den Rekurs auf euklidische Relationen ganz zu vermeiden, also auf spontane Setzungen wie: »Wenn ich drei Schritte nach links mache, dann drei Schritte nach vorn und drei Schritte nach rechts, befinde ich mich drei Schritte weiter vorn auf der an meinem Standpunkt beginnenden Geraden.« In der Regel findet sich das Subjekt nach einer Kalkulation dieser Art fast unweigerlich in der Zone Monforte wieder, die man daher als geometrischen Ort jedes möglichen Ziels ansehen kann. Der Mailänder Raum dehnt sich aus und zieht sich zusammen wie ein Stück Gummi, und seine Kontraktionen unterliegen dem Einfluß der Bewegungen, die das Subjekt in ihm projektiert, so daß es diesem Subjekt unmöglich ist, sie vorauszusehen und als Grundlagen seines Projektes selbst zu nehmen.*

Bekanntlich hatte Moa anschließend versucht, das zweite Paradox der Porta Ludovica zu beweisen, indem er die Hypothese aufstellte, es sei unmöglich, von der Porta Ludovica aus die Zone Monforte zu erreichen (womit er eine Ausnahme vom Postulat der Zone Monforte als geometrischem Ort jedes möglichen Ziels definiert hätte). Man weiß jedoch nicht, ob seine Forschungen von Erfolg gekrönt waren, da Moas Leiche nie gefunden worden ist – obgleich unter den Eingeborenen die Legende kursiert, sein Geist gehe seit unvordenklichen Zeiten ruhelos an der Piazza Napoli um, von wo er sich, einmal hingelangt, nie wieder habe entfernen können. Wenn dem so wäre, müßten wir Moa zugute halten, die Irreversibilität des Paradoxons der Porta Ludovica bewiesen zu haben; die grausigste Hypothese wäre jedoch, daß sein Geist an der Piazza Napoli umginge, um dort vergeblich nach seinem Körper zu suchen, der unterdessen unbegraben an der Piazza Tricolore läge, in der Zone Monforte.

Natürlich ist Moas topologische Hypothese den Philosophen unzureichend erschienen, die sich bemühten, das Zwieschlächtige am Mailänder Raum auf eine präzise Strukturanalyse der Existenz zu gründen.

So gaben die topologischen Untersuchungen Moas den Anstoß zu der sogenannten »Mailandanalyse« von Karl Opomat, einem Gelehrten der Admiralsinseln, der sich mit diesen Forschungen in den Jahren befaßte, als jene Länder zum Zwecke der Akkulturation und Fortbildung zahlreiche deutsche »Kolonisten« in ihren Grenzen aufnahmen.

Das Dasein-in-Mailand – schreibt Opomat – *stellt sich dar als ein Sein-für-die-Porta-Ludovica in der Scheinwelt der Befriedigungshaftigkeit. Das An-sich des In-Mailand-Seins versteht sich vorläufig im Modus des Sich-Hinausschiebens, es ist das Insofern-als des die Porta Ludovica vorläufig Auf-sich-zukom-*

men-Lassens. Das An-sich des Verständnisses, das sich selbst hinausschiebt als das Insofern-als des die Porta Ludovica Auf-sich-zukommen-Lassens im Seinsmodus der Befriedigungshaftigkeit, ist das Phänomen des Daseins-in-Mailand. Aber in der Mailandlichkeit von Mailand überhaupt (Milanitas Mediolani generaliter) *muß das In-Mailand-Sein klargestellt werden als Sorge* (Cura), *und das Sich-Sorgen ist ein Sich-um-die-Porta-Ludovica-Sorgen in den drei Ekstasen der Zeitlichkeit, aber derart, daß das Sein-für-die-Porta-Ludovica nicht zugleich ein Sein-für-die-Zone-Monforte sein kann.*

Die tragische Sicht Opomats sollte sich in seinen späteren Untersuchungen abmildern (vgl. seine Vorstellung von der Piazza Napoli als »Entbergung«), aber er hat sich einer stark negativen Tonalität nie entziehen können.

Näher der von Moa herausgestellten zeitlichen Situation kommt dafür die eingehende Phänomenologie eines anderen Denkers, des leider kürzlich verstorbenen Manoi Cholai. In seinen unveröffentlichten Manuskripten findet sich eine schwindelerregende Analyse jenes Zustandes der Verwirrung, in die gerät, wer in das »Fließen« der räumlichen Situation von Mailand eingetaucht wird.

Sein (scil. Mailands) *Jetzt-Sein ist stets im Urquellen und Verquellen begriffen, und zwar derart, daß sein Verquellen als Sich-Verströmen einer steten Veränderung gleichkommt, die das eigentlich Urpräsente nicht mehr ureigentlich präsent sein läßt, sondern es in ein Eben-Gewesenes umwandelt, dem sich jedoch fortwährend ein neues Urpräsentes beigesellt (Zone Monforte), das seinerseits urig hervorquillt und sich verströmend verquillt, während ihm bereits wieder ein Neues im Modus des urquellenden Jetzt auf dem Fuße folgt und so weiter. Es gibt in Mailand ein Auseinandersein, das auch ein Nacheinander ist, im Sinne eines Distanziertseins der Punkte in der Zeit. In der Bewegung von der Porta Ludovica zur Piazza Napoli sind gleichzeitig anwesend das Jetzt und die Abfolge der Gewesenheiten, der Horizont des Behaltens und der des Hinzukommenden. Was uns als erstes hier entgegentritt, ist die Mittelbarkeit der intentionalen Implikation im Verhältnis zur retentionalen Modifikation. Aus dem Quellpunkt (Porta Ludovica) strahlt allseits ein sukzessives Bewußtsein des Vor-kurzem-Gewesenen, des Gerade-eben-Gewesenen, dem sich ein phasenhaftes Bewußtsein des Vor-Kurzem eines jeden Vor-Kurzem anfügt, so daß wir ein unablässiges »Weiter, weiter, weiter« haben. Das retentional gebremste Immer-weiter-Fließen ist in sich charakterisiert als ein kontinuierlich andauerndes Schon-Verflossensein, in welchem sich das Schon-Verflossene in seinen einzelnen Stadien charakterisiert als Schon-Verflossenes eines Fließens sowie als mittelbar schon Verflossenes usw.*

Freilich hilft uns die wachsende Komplexität dieser zweifellos höchst respektablen Analysen nicht sehr weit über den Punkt hinaus, den bereits Moa erreicht hatte, nämlich die Erkenntnis, daß die geistige Rückständigkeit des Mailänder Eingeborenen aus dem verheerenden Einfluß resultiert, den die Ambiguitat der räumlichen Situation auf seine Nervenzentren ausübt (wo sie unmittelbar das Ohrlabyrinth beeinflußt, wie manche Vertreter des alten Positivismus behaupten – die unter anderem auch dazu neigen, von Einfluß nicht nur auf die Ohrtrompeten zu sprechen, sondern sogar auf die Muttertrompeten jener weiblichen Eingeborenen, die sich nachts auf den zentrumsnahen Ringstraßen herumtreiben).

Es sei uns indes gestattet, sowohl die philosophische wie die mathematisch-naturwissenschaftliche Erklärung zu verwerfen, um statt dessen auf eine Überlegung historischer Art zurückzukommen, die sich auf von uns durchgeführte konkrete anthropologische Forschungen stützt (vgl. im Anhang die Dokumente 671-1346).

Die primitive Struktur der Übergangsriten und der kultischen Handlungen, die Neigung zur kolonialen Passivität, der Mangel an gesellschaftlicher Dynamik und die Unfähigkeit zur Entwicklung lassen sich nicht allein mit minuziösen Erörterungen über die Raumstruktur des Ortes erklären, sondern müssen tiefliegende ökonomische und soziale Ursachen haben.

Vergleichen wir nun die gegenwärtige Lage der Apenninenhalbinsel mit derjenigen, die in den historischen Schriften der Eingeborenen beschrieben wird, von denen die ältesten bis in die Zeit vor ungefähr tausend Jahren zurückgehen, so können wir, scheint uns, zumindest als Arbeitshypothese, folgende Erklärung als die wahrscheinlichste wagen.

4. Kirche und Industrie (Versuch einer historisch-sozio-ökonomischen Interpretation)

Die italienische Halbinsel ist heutzutage Schauplatz dessen, was die Eingeborenen einen »Investitionsstreit« nennen könnten. Die gesellschaftliche und politische Bühne wird von zwei nahezu gleichstarken Kräften beherrscht, die sich gegenseitig die Kontrolle über die verschiedenen Teile der Halbinsel und ihre Bewohner streitig machen: die Industrie und die Kirche. Die Kirche ist, soweit wir aus den vor Ort gesammelten Aussagen entnehmen konnten, eine weltliche Macht, der es um die irdische Vorherrschaft geht, um den Erwerb von nutzbarem Bauland und den Zugang zu den politischen Schalthebeln; die Industrie ist eine geistige Macht, der es um die Vorherrschaft über die Seelen geht, um die Verbreitung eines mystischen Bewußtseins und einer asketischen Haltung.

Während unseres Aufenthalts auf der Apenninenhalbinsel hatten wir Gelegenheit, einige typische Demonstrationen der Kirche mitzuerleben, sogenannte »Prozessionen« oder »Präzessionen« (die offensichtlich im Zusammenhang mit Äquinoktialfeiern stehen). Es sind hemmungslose Zurschaustellungen von Prunk und militärischer Stärke, bei denen man Gardetruppen, Polizeikordons, Infanteriegeneräle und Luftwaffenobristen sehen kann. Anderes Beispiel: Während der sogenannten »Osterfeiern« kann man regelrechte Militärparaden erleben, bei denen komplette Panzerabteilungen auffahren, um der Kirche den symbolischen Gruß zu entbieten, den sie von der

Armee verlangt. Konträr dem militärischen Aufbau dieser weltlichen Macht entgegengesetzt ist das Schauspiel, das die Industrie bietet.

Ihre Gläubigen leben in düsteren, klosterähnlichen Bauten, in denen mechanische Apparate das Klima noch trüber und inhumaner machen. Auch wenn diese Bauten nach Kriterien der Ordnung und Symmetrie errichtet worden sind, herrscht in ihnen eine fast mönchische Strenge, wobei die Familien dieser Mönche zurückgezogen in engen Zellen riesiger Klosteranlagen leben, die sich oft über immense Areale erstrekken. Der Geist der Buße durchdringt alle Angehörigen der Industrie, besonders aber die Oberhäupter, die in einer nahezu totalen Armut leben (ich selbst hatte Gelegenheit, ihren Vermögensstand zu kontrollieren, den sie zu Zwecken der Abbuße öffentlich deklarieren müssen). Sie versammeln sich für gewöhnlich in geschlossenen Räumen zu endlosen und asketischen Palavern (sogenannten »Aufsichtsratssitzungen«), während deren Männer in Grau mit zerfurchten Gesichtern und vom langen Fasten tief in den Höhlen liegenden Augen Stunden um Stunden über körperlose Probleme debattieren, betreffend das mystische Ziel der Gesellschaft, die sogenannte »Produktion« von Gegenständen, die als eine Art permanenter Fortsetzung des göttlichen Schöpfungsaktes aufgefaßt wird.

Jedem Luxus abhold, hegen sie eine tiefe Abneigung gegen alle Wohlstandssymbole, und kaum halten sie einen Schmuck in der Hand, einen kostbaren Stein, einen wertvollen Pelz, beeilen sie sich, ihn loszuwerden, indem sie ihn jungen Mädchen schenken, die Vestalinnendienste im Pronaos ihres Allerheiligsten leisten (diese Mädchen obliegen die meiste Zeit einer Kulthandlung ähnlich jener der tibetanischen Mönche, die Gebetsmühlen drehen: ununterbrochen hämmern sie auf die Tasten eines Gerätes, das pausenlos kryptische Anrufungen der Gottheit und Appelle zur »produktiven« Askese ausspuckt).

Die Mystik der Produktion hat übrigens ein strenges theologisches Fundament, und es ist uns gelungen, eine Doktrin der »Zirkulation der Verdienste« zu rekonstruieren, kraft welcher die verdienstvolle Tat eines jeden Mitglieds der Priesterkaste auf übernatürliche Weise von einem anderen Mitglied genutzt werden kann. In eigens dafür bestimmten Tempeln sind permanente Übertragungen dieser Verdienste, auch »Wertanteilscheine« oder »Effekten« genannt, zu beobachten, wenn Scharen von Priestern im Zuge bestimmter Manifestationen von religiösem Fanatismus zum Altar stürzen, um ihre Verdienste loszuwerden, dadurch deren Wert rapide vermindernd, als wollten sie ihre Habe so schnell wie möglich verschenken, in einem eindrucksvollen Crescendo der allgemeinen Spannung und hysterischen Raserei.

Für den Forscher ist klar, welche der beiden Mächte in Mailand die Oberhand errungen hat: die Industrie. Infolgedessen lebt die Bevölkerung ständig in diesem mystischen Spannungszustand, der die ortstypische Konfusion und die stumme Unterwerfung unter die Beschlüsse der Priester hervorruft. Im Licht dieser Interpretation gewinnt die Hypothese eines magischen Raumes an Sinn, eines Raumes aber, der keineswegs eine metaphysische Gegebenheit ist, sondern die konkrete Form, die dem Mailänder Habitat von den Inhabern der religiösen Macht aufgezwungen wird, um die Gläubigen permanent in dieser Abgehobenheit von allen irdischen Werten zu halten. Und einen Sinn bekommen damit auch die eigenartigen Übergangsriten, die Pädagogik der Frustration, der allsonntägliche Kannibalismus und die schamanistische Flucht ans Meer (die demnach nichts anderes ist als eine Art von Mysterienspiel, eine kollektive Fiktion, deren sich jeder bewußt ist und der zugleich jeder erliegt, wobei alle zutiefst davon überzeugt bleiben, daß die Lösung nicht in der Flucht liegt, sondern in der totalen und hingebungsvollen Unterwerfung unter die mystische Macht der Produktion).

Allerdings wäre es irrig zu glauben, die Industrie regiere uneingeschränkt über die Eingeborenen und das Land. Die italienische Halbinsel, die Schauplatz so vieler stürmischer Ereignisse war (von denen Dobu leider nur ein mythologisches Bild gegeben hat), ist ein allseits offenes Territorium, jederzeit zugänglich für die Invasion barbarischer Völker und die Immigration der südlichen Horden, die sich über das Dorf ergießen und es zerstören, seine Raumstruktur ändern, sich an seinen Rändern niederlassen, sich in den öffentlichen Gebäuden drängen und jede Verwaltung lahmlegen. Angesichts dieses Drucks fremder Populationen sowie des verderblichen Treibens der Kirche, die unablässig versucht, die Seelen der Eingeborenen abzulenken, indem sie ihnen Träume von falsch verstandener Modernität einflüstert (deren Symbole wir im rituellen »Pingpong«-Spiel sowie im Wahlkampf erblicken, einem blutigen und kräftezehrenden Sport, an dem sogar noch die lahmen alten Frauen teilnehmen) – angesichts all dieser Bedrängnisse versteht sich die Industrie als die letzte Bastion zur Bewahrung der ursprünglichen Kultur. Der Anthropologe hat nicht darüber zu befinden, ob diese Bewahrung etwas Positives ist, er muß nur feststellen, welche Rolle die Industrie spielt, die zu diesem Zweck weiße Klöster errichtet hat, in denen Dutzende und Aberdutzende von Mönchen, eingeschlossen in ihre Zellen und Refektorien (die sie »Studios« oder »Studierstuben« nennen), schweigend in der unmenschlichen Reinheit ihrer Riten die Pläne zu perfekten Konstitutionen für künftige Gemeinwesen entwerfen, geschützt vor Invasionen, vor Gewalt und Geschrei. Es sind stille und reservierte Männer, die nur selten auf der Bühne des öffentlichen Handelns erscheinen, um dann obskure prophetische Kreuzzüge zu predigen oder jene, die in der Welt leben, als »Knechte des Neokapitalismus« anzuprangern (ein dunkler Ausdruck, der zur mystischen Redeweise dieser Erleuchteten gehört). Doch kaum haben sie ihre Aufgabe als Zeugen und Mahner erfüllt, ziehen sie sich wieder in ihre Klöster zurück, um auf verblichenen Palimpsesten ihre Hoffnungen zu notieren, abgeschirmt hinter den Mauern der mystischen Macht, die über sie und über das Dorf herrscht und sich dem Forscher als der einzige Schlüssel anbietet, der ein Verständnis ihres beunruhigenden barbarischen Mysteriums erlaubt.

(1962)

Die Karte des Reiches im Maßstab 1:1

... In jenem Reich erlangte die Kunst der Kartographie eine solche Vollkommenheit, daß die Karte einer einzigen Provinz den Raum einer ganzen Stadt einnahm umd die Karte des Reiches den einer Provinz. Mit der Zeit befriedigten diese übergroßen Karten nicht mehr, und die Kollegs der Kartographen erstellten eine Karte des Reiches, die genau die Größe des Reiches hatte und sich mit ihm in jedem Punkt deckte. Die nachfolgenden Generationen, die dem Studium der Kartographie nicht mehr so ergeben waren, hielten diese enorme Karte für unnütz und überantworteten sie, nicht ohne Pietätlosigkeit, den Unbilden der Sonne und des Winters. In den Wüsten des Westens finden sich noch Ruinen der Karte, behaust von Tieren und Bettlern; im ganzen Land gibt es keine anderen Überreste der geographischen Disziplinen.

Suárez Miranda, Viajes de Varones Prudentes,
IV. Buch, Kapitel XIV, Lérida 1658

Jorge Luis Borges

1. Anforderungen an eine Karte im Maßstab 1:1

Zu erörtern ist die theoretische Möglichkeit einer Karte des Reiches im Maßstab eins zu eins (1:1), ausgehend von folgenden Postulaten:

1. Die Karte muß effektiv 1:1 sein, also koextensiv zum Territorium des Reiches.

2. Sie muß effektiv eine Karte sein und nicht ein Abdruck oder Klischee. Außer Betracht bleibt also die Möglichkeit, die Oberfläche des Reiches mit einem schmiegsamen Material zu überziehen, das alle Erhebungen, selbst die allergeringsten, reproduziert, denn in diesem Falle würde es sich nicht um Kartographie, sondern um Verpackung oder Zupflasterung des Reiches handeln, und dann wäre es praktischer, das Reich einfach per Gesetz zur Karte seiner selbst zu erklären, mit allen semiotischen Paradoxien, die sich daraus ergäben.

3. Das Reich, von dem hier die Rede ist, muß jenes größtmögliche X sein, über das hinaus nichts Größeres gedacht werden kann *(nihil maius cogitari possit)*. Die Karte kann also nicht in einem Wüstengebiet eines zweiten Reiches $X_2 > X_1$ produziert und ausgelegt werden (wie etwa die territorialkoextensive Karte der Republik San Marino in der Sahara ausgelegt werden könnte), andernfalls wäre die Frage ohne jedes theoretische Interesse.

4. Die Karte muß bis zur äußersten Treue *genau* sein, also nicht nur die natürlichen Bodenformen des Reiches wiedergeben, sondern auch die Artefakte sowie die Gesamtheit der Untertanen (letzteres ist eine Maximalforderung, die im Falle, daß man sich

mit einer simplifizierten Karte begnügen will, entfallen kann).

5. Es muß sich um eine richtige Karte handeln und nicht um einen Atlas aus einzelnen Blättern, denn theoretisch spräche nichts gegen die Möglichkeit, in einem vernünftigen Zeitraum eine Reihe von Teilprojektionen auf separaten Blättern zu realisieren, um sie fallweise zur Bezugnahme auf begrenzte Teile des Territoriums zu verwenden. Produziert werden kann die Karte zwar notfalls auf separaten Blättern, doch müssen diese dann so aneinandergeklebt werden, daß sie die Generalkarte des gesamten Reichsgebietes ergeben.

6. Schließlich muß die Karte als semiotisches Instrument benutzbar sein, also fähig, das Reich zu bezeichnen oder Bezugnahmen auf das Reich zu gestatten, besonders in jenen Fällen, in denen das Reich nicht auf andere Weise erkenn- oder perzipierbar ist. Aus letztgenannter Bedingung folgt, daß die Karte kein durchsichtiges und fest auf dem Territorium aufliegendes Blatt sein kann, auf welches die Höhen und Tiefen des Territoriums projiziert worden sind, weil sonst jede auf der Karte vollzogene Extrapolation im gleichen Moment auch auf dem ihr unterliegenden Territorium vollzogen würde und die Karte somit ihre Funktion als maximaler Existentialgraph verlöre.

Mithin müßte die Karte entweder (a) undurchsichtig sein oder (b) nicht auf dem Territorium aufliegen oder schließlich (c) derart dreh- und orientierbar sein, daß die Punkte der Karte auf Punkten des Territoriums zu liegen kommen, die andere als die wiedergegebenen Punkte sind.

Wie zu zeigen sein wird, führt jede dieser drei Lösungen zu unüberwindlichen praktischen Schwierigkeiten und theoretischen Paradoxien.

2. Produktionsweisen der Karte

2.1. Die undurchsichtige, auf dem Territorium liegende Karte

Dank ihrer Undurchsichtigkeit wäre solch eine Karte zwar perzeptibel in Abwesenheit der Perzeptibilität des ihr unterliegenden Territoriums, aber sie würde eine Trennschicht zwischen Territorium und Sonnenlicht bzw. atmosphärischen Niederschlägen bilden. Infolgedessen würde sie das ökologische Gleichgewicht des Territoriums verändern, also nach Eintritt dieser Veränderung das Territorium anders darstellen, als es effektiv ist. Eine laufende Korrektur der Karte, wie sie im Falle der aufgehängten Karte (vgl. 2.2) theoretisch möglich wäre, ist in diesem Falle unmöglich, weil die Veränderungen des Territoriums wegen der Undurchsichtigkeit der Karte nicht erkennbar wären. Die Bewohner zögen mithin aus einer ungenauen Karte Schlußfolgerungen über ein unbekanntes Territorium. Und wenn die Karte schließlich auch noch die Bewohner darstellen soll, so würde sie eben dadurch erst recht ungenau, denn darstellen würde sie dann ja ein Reich mit darin lebenden Untertanen, die in Wirklichkeit auf der Karte leben.

2.2. *Die aufgehängte Karte*

Im ganzen Reichsgebiet werden Pfähle von gleicher Höhe wie seine höchsten Bodenerhebungen aufgerichtet, über deren Spitzen man eine papierene oder leinene Fläche breitet, auf die man sodann die Punkte des Territoriums von unten aufprojiziert. Die Karte wäre als Zeichen des Territoriums benutzbar, da man, um sie zu konsultieren, die Augen nach oben richten, also den Blick vom entsprechenden Territorium abwenden müßte. Allerdings (und dieser Einwand würde auch für die undurchsichtige liegende Karte gelten, hätten nicht bereits andere und noch zwingendere Überlegungen ihn dort obsolet gemacht) könnte jeder Abschnitt der Karte immer nur von dem ihm entsprechenden Abschnitt des Territoriums aus konsultiert werden, so daß der Karte keine Auskünfte über jene Teile des Territoriums zu entnehmen wären, die mit der Stelle, auf der man sich im Moment der Konsultation gerade befindet, nicht identisch sind.

Das Paradox wäre überwindbar, indem man von oben über die Karte flöge. Doch abgesehen (a) von der Schwierigkeit, sich mit einem Drachen oder Fesselballon über ein Territorium zu erheben, das zur Gänze mit einer papierenen oder leinenen Fläche bespannt ist, und (b) von der Frage, wie die Karte von oben genauso lesbar gemacht werden kann wie von unten, und schließlich (c) von der Tatsache, daß sich das gleiche kognitive Ergebnis unschwer durch Überfliegen eines Territoriums ohne Karte erzielen ließe, würde jeder Untertan, der die Karte überflöge, also das Territorium verlassen hätte, eben dadurch die

Karte ungenau machen, denn darstellen würde sie dann ja ein Territorium mit einer bestimmten Einwohnerzahl, die zumindest um einen Einwohner größer wäre als die Zahl der effektiv auf dem Territorium anwesenden Einwohner im Moment der Kartenkonsultation aus der Luft. Die Lösung wäre nur möglich bei einer simplifizierten Karte, die auf die Wiedergabe der Untertanen verzichtet.

Schließlich gilt für die aufgehängte Karte, sofern sie undurchsichtig ist, derselbe Einwand wie für die liegende: Sie würde durch Behinderung des Einfalls der Sonnenstrahlen und der atmosphärischen Niederschläge das ökologische Gleichgewicht des Territoriums verändern und dieses folglich ungenau wiedergeben.

Die Untertanen könnten der Mißlichkeit auf zweierlei Weise begegnen: erstens, in dem sie nach Errichtung der Pfähle alle Teile der Karte im selben Moment an allen Orten des Reiches gleichzeitig produzierten, so daß die Karte wenigstens im Augenblick ihrer Fertigstellung (und vielleicht noch mehrere Stunden danach) tatsächlich genau wäre; und zweitens, indem sie nach Maßgabe der Veränderungen des Territoriums zur laufenden Korrektur der Karte schritten.

Im zweiten Falle wären die Untertanen durch ihre laufende Korrekturtätigkeit allerdings zu ständigen Standpunktwechseln gezwungen, die von der Karte nicht registriert werden könnten, so daß diese neuerlich ungenau würde (es sei denn, sie wäre von vornherein bloß eine simplifizierte). Außerdem könnten die Untertanen, da fortwährend mit dem Korrigieren der Karte beschäftigt, den ökologischen Niedergang des Territoriums nicht beheben, so daß die laufende Korrektur der Karte zum Aussterben aller Untertanen und damit zum Erlöschen des Reiches führen würde.

Kaum anders läge der Fall, wenn die Karte aus transparentem und durchlässigem Material bestünde: bei Tag wäre sie wegen der Sonnenblendung unkonsultierbar, und jede zum Schutz vor der Blendung dunkel gefärbte Zone würde unweigerlich die Sonneneinwirkung auf das Territorium vermindern, also ebenfalls ökologische Transformationen herbeiführen – geringere zwar, aber mit nicht minder gravierenden theoretischen Folgen für die Exaktheit der Karte.

Vernachlässigen können wir den Fall einer aufgehängten Karte, die sich zusammenfalten und in anderer Orientierung wieder ausbreiten ließe. Gewiß würde diese Lösung manche der obengenannten Schwierigkeiten beheben, aber sie wäre, wenngleich technisch verschieden vom Zusammenlegen einer Karte des dritten Typus (vgl. 2.3), in physischer Hinsicht mühsamer zu realisieren und bliebe in jedem Fall anfällig für die Paradoxien des Zusammenlegens, die sich bei der Karte des dritten Typus ergeben (vgl. 2.4), so daß die gegen jene erhobenen Einwände auch, *mutatis mutandis,* für diese gelten.

2.3. *Die transparente und durchlässige, liegende und orientierbare Karte*

Diese Karte, die auf transparentes und durchlässiges Material (zum Beispiel durchsichtige Gaze) gezeichnet worden ist, wird auf die Oberfläche des Reiches gelegt und muß orientierbar, also beweglich sein. Dabei sind die Untertanen, nachdem sie die Karte gezeichnet und ausgelegt haben, entweder auf dem Territorium geblieben, also unter der Karte, oder sie sind auf die Karte gestiegen. Falls sie die Karte über ihren Köpfen hergestellt haben, können sie sich nun nicht nur nicht mehr bewegen, da jede Bewegung die auf der Karte angegebene Position der Untertanen verfälschen würde (es sei denn, sie hätten sich mit einer simplifizierten Karte begnügt), sondern würden auch mit jeder Bewegung Verwerfungen des empfindlichen Gazegewebes über ihren Köpfen bewirken, was ihnen ernsthaftes Unbehagen bereiten und die Karte ungenau machen müßte, denn diese würde ja dann ihre topologische Konfiguration verändern und Katastrophengebiete ausweisen, die der Planimetrie des Territoriums nicht entsprächen. Infolgedessen ist anzunehmen, daß die Untertanen beim Herstellen und Entfalten der Karte auf dieser geblieben sind.

Für diesen Fall gelten viele der bereits für die vorigen Karten dargelegten Paradoxien: Die Karte würde ein Reich darstellen mit darin lebenden Untertanen, die in Wirklichkeit auf der Karte leben (es sei denn, sie wäre nur eine simplifizierte Karte); sie wäre nicht konsultierbar, da jeder Untertan stets nur den Kartenabschnitt betrachten könnte, der dem Abschnitt des Territoriums entspricht, auf welchem er und der Kartenabschnitt sich gerade befinden; durch ihre Transparenz verlöre die Karte ihre semiotische Zeichenfunktion, denn als Zeichen könnte sie nur fungieren in Gegenwart dessen, was sie bezeichnet; als Bewohner der Karte könnten die Untertanen das Territorium nicht pflegen, so daß es verkäme und damit die Karte ungenau machen würde.

Erforderlich wäre mithin, daß die Karte zusammenlegbar und in anderer Ausrichtung wieder entfaltbar wäre, so daß ein Punkt X der Karte, der einen Punkt Y des Territoriums darstellt, konsultiert werden könnte, auch wenn er auf einem Punkt Z des Territoriums zu liegen käme, wobei Z ≠ Y wäre. Zusammenlegung und Wiederentfältung der Karte würden schließlich gestatten, daß die Karte über längere Zeiträume *nicht* konsultiert wird und das Territorium nicht bedeckt, so daß man es pflegen und wieder so herrichten kann, daß seine effektive Beschaffenheit der auf der Karte dargestellten entspricht.

2.4. *Zusammenlegung und Wiederentfaltung der Karte*

Voraussetzung wäre in jedem Falle: (a) daß die Bodenbeschaffenheit des Territoriums den Untertanen, die mit dem Zusammenlegen der Karte beschäftigt sind, freie Bewegung erlaubt; (b) daß eine ausgedehnte Zentralwüste existiert, in der die zusammengelegte Karte aufbewahrt und zwecks Wiederentfaltung in veränderter Lage gedreht werden kann; (c) daß das

Reichsgebiet die Form eines Kreises oder regelmäßigen Vielecks hat, damit die Karte bei neuer Orientierung nicht über seine Grenzen hinausragt (eine Italienkarte im Maßstab 1:1 würde, wenn man sie um 90 Grad drehte, auf zwei Seiten ins Meer hinausragen); in diesem Fall müßte man schließlich (d) die unabänderliche Tatsache hinnehmen, daß es stets einen Kartenmittelpunkt gibt, der stets auf dem von ihm selbst dargestellten Punkt des Territoriums liegt.

Gesetzt, all diese Bedingungen wären erfüllt, so müßten sich alle Untertanen an die Ränder des Reiches (also der Karte) begeben, um zu vermeiden, daß sie beim Zusammenpacken der Karte mit eingepackt werden. Zur Lösung des Problems der Massierung aller Untertanen an den Rändern der Karte (und damit des Reiches) wäre ein Reich erforderlich, dessen Einwohnerzahl nicht größer sein dürfte als die Anzahl der Maßeinheiten des Kartenumfangs, wobei eine Maßeinheit gleich der Mindestfläche sein müßte, die ein aufrecht stehender Untertan okkupiert.

Angenommen, jeder Untertan nähme nun einen Abschnitt der Karte und rollte ihn, langsam rückwärts schreitend, über seinem Kopf zusammen: Eine kritische Phase wäre erreicht, wenn alle Untertanen zusammengepfercht im Zentrum des Reichsgebiets auf der Karte stünden, ein jeder mit seinem zusammengerollten Kartenabschnitt über dem Kopf. Es wäre dies die typische Situation einer sogenannten Skrotalkatastrophe: das ganze Reichsvolk eingeschlossen in einem großen, durchsichtigen Sack, theoretisch im Patt und praktisch in schwerstem psychophysischen Unbehagen. Anzunehmen ist also, daß die

Untertanen nach und nach, während sie die Karte zusammenlegen, von dieser auf das Territorium springen würden, um sie fortan von außen her einzurollen, bis die letzte Phase erreicht ist, wenn sich kein Untertan mehr im Innern des Sackes befindet. Allerdings würde bei dieser Lösung folgende Situation entstehen: Das Territorium bestünde nach erfolgter Zusammenlegung aus seinem eigenen Habitat plus einer enormen zusammengefalteten Karte in seinem Zentrum. Die zusammengefaltete Karte wäre mithin, wenngleich unkonsultierbar, nicht exakt, wüßte man doch mit Sicherheit, daß sie das Territorium ohne sich selbst zusammengefaltet in seiner Mitte darstellt. Und es wäre nicht einzusehen, wieso man eine Karte zur Konsultation entfalten sollte, von der man *a priori* wüßte, daß sie ungenau ist. Würde andererseits die Karte sich selbst in zusammengefaltetem Zustand in der Mitte des Reiches darstellen, so wäre sie ungenau, sobald man sie wieder entfaltet.

Man könnte die Annahme einführen, daß die Karte einem Unbestimmtheitsprinzip gehorcht, nach welchem sie erst durch den Akt der Entfaltung wirklich genau wird, während sie im zusammengefalteten Zustand noch ungenau ist. Das würde bedeuten, daß man die Karte immer dann entfalten müßte, wenn man sie wirklich genau zu machen beabsichtigte.

Bliebe noch (falls man nicht auf die simplifizierte Karte zurückgreifen will) das Problem der Position, die von den Untertanen eingenommen werden müßte, nachdem die Karte in neuer Ausrichtung wieder entfaltet worden ist. Um sie genau zu machen, müßte jeder Untertan nach Abschluß der Wiederentfaltung diejenige Position einnehmen, die er im Moment der Darstellung auf dem Reichsgebiet innehatte. Nur um diesen Preis erschiene ein auf Punkt Z des Territoriums befindlicher Untertan, auf dem nun, sagen wir, der Punkt X_2 der Karte zu liegen kommt, exakt wiedergegeben auf Punkt X_1 der Karte, der seinerseits nun vielleicht auf Punkt Y des Territoriums liegt. Jeder Untertan könnte dann Informationen beziehen (aus der Karte) über einen nicht mit dem eigenen Standpunkt identischen Punkt des Reiches, inklusive den dort befindlichen, also nicht mit ihm selbst identischen Untertan.

Wie schwierig und mühsam diese Lösung auch zu realisieren sein mag, sie läßt die transparente und durchlässige, liegende und orientierbare Karte als die beste erscheinen und vermeidet den Rückgriff auf die simplifizierte Karte. Allerdings unterliegt auch sie, wie die zuvor erörterten, dem Paradox der Normalkarte.

3. Das Paradox der Normalkarte

Sobald die Karte fertiggstellt ist und das gesamte Territorium bedeckt (gleichgültig, ob als liegende oder als aufgehängte), wird das Reichsgebiet durch den Umstand charakterisiert, daß es ein gänzlich mit einer Karte bedecktes Gebiet ist. Und diesem Charakter des Reichsgebietes trägt die Karte nicht Rechnung. Es sei denn, sie zeigte eine zweite Karte, die das Territorium samt der darauf liegenden (oder darüber hängenden) Karte darstellte. Aber das wäre ein Prozeß ohne Ende (aristotelisches Argument des dritten Mannes), denn stets gäbe es, wenn der Prozeß zum Stehen käme, noch eine letzte Karte, die zwar alle zwischen sich und dem Territorium befindlichen Karten darstellen würde, nicht aber sich selbst. Nennen wir diese letzte hier die Normalkarte.

Eine Normalkarte unterliegt dem Russell-Fregeschen Paradox: Territorium plus letzte Karte bilden ein normales Ensemble, in welchem die Karte nicht Teil des von ihr definierten Territoriums ist; undenkbar sind jedoch Ensembles von normalen Ensembles (und folglich Karten von Territorien mit Karten), auch wenn wir dabei an Ensembles von Ensembles mit nur einem einzigen Glied denken, wie es in unserem Falle der Fall ist. Ein Ensemble von normalen Ensembles muß als nichtnormales Ensemble aufgefaßt werden, in welchem folglich die Karte der Karten Teil des kartographierten Territoriums wäre, *quod est impossibile.*

Daher die folgenden zwei Korollare:

1. Eine Karte im Maßstab 1:1 gibt das Territorium immer nur ungenau wieder.

2. Das Reich wird im selben Moment, in dem man seine Karte erstellt, undarstellbar.

Man könnte hier einwenden, daß mit dem zweiten Korollar das Reich sich seine geheimsten Träume erfüllt, indem es für die feindlichen Reiche unkenntlich wird; allerdings würde es dann kraft des ersten Korollars auch unkenntlich für sich selbst. Zu postulieren wäre ein Reich, das in einer Art von transzendentaler Apperzeption seiner eigenen Kategorienapparatur *in actu* ein Bewußtsein seiner selbst gewönne; das aber würde die Existenz einer Karte mit Selbstbewußtsein verlangen, und diese würde (wenn sie je möglich wäre) im gleichen Augenblick selber zum Reich, so daß mithin das Reich seine Macht an die Karte abträte.

Drittes Korollar: Jede Karte des Reiches im Maßstab 1:1 besiegelt das Ende des Reiches als solches und wäre mithin die Karte eines Territoriums, das kein Reich mehr ist.

(1982)

Drei Käuzchen auf dem Vertiko

Die Literatur über den Sechszeiler des Anonymus mit den Käuzchen füllt mittlerweile eine so imposante Anzahl von Bibliotheksregalen, daß der Historiker dieser Fülle von ebenso abwechslungs- wie ergebnisreichen kritischen Untersuchungen eine gewisse Bangigkeit nicht verleugnen kann, wenn er sich anschickt, als ihr Doxograph aufzutreten.

Doch zunächst – und mag die Hommage an unsere Vorgänger auch gelegentlich etwas verhalten ausfallen –, zunächst einmal wird es nicht unnütz sein, den Text hier wiederzugeben, an dem sich so viele Interpretationsdifferenzen festgemacht haben – dürres Abbild der *jouissances,* die darein investiert worden sind, Schrift und Spur, signifikante Passage, Imago, Phantasma vielleicht.

Fixieren wir also seine Textur in der Fassung, die Segre mit skrupulöser Penibilität – und endgültig – vor noch nicht allzu langer Zeit etabliert hat:[1]

Ambarabà ciccì coccò,
Tre civette sul comò
Che facevano l'amore
Con la figlia del dottore.

[1] Cesare Segre, »Texte, contexte, co-texte et cocotexte (»Text Kontext, Ko-Text und Kokotexte«), in *La Nouvelle Cryptique* 3, 9, 1970.

Ma la mamma le chiamò . . .
Ambarabà ciccì coccò

Zu deutsch in annähernd wörtlicher (Interlinear-) Übersetzung:

Ambaraba tschitschi koko,
Drei Käuzchen auf der Kommode,
Die machten Liebe
Mit der Tochter des Doktors.
Aber die Mama rief sie . . .
Ambaraba tschitschi koko.

Vo diesem Sechszeiler gibt es zahlreiche Versionen in anderen Sprachen, zum Beispiel eine französische, die sich dem »*Ouvroir de Littérature Potentielle*« verdankt und folgendermaßen lautet:

Ambaraba cicci cocco,
Trois chouettes qui font dodo
En baisant sur la commode
Une fille très à la mode.
Mais maman cria aussitôt:
Ambaraba cicci cocco!

Wir konstatieren darin das Verschwinden der »Tochter des Doktors«, die auf der konnotativen Ebene wieder eingeholt wird durch die Anspielung auf ein Mädchen mit nicht-traditionellen Sitten. Doch wenden wir uns nun der anonymen deutschen Version zu, in der, wie uns scheint, der Einfluß von Hugo Ball zu vernehmen ist, ja vielleicht sogar, für ein aufmerksames und feines Ohr, ein Echo der vollendeten Kunst von Christian Morgenstern:

Ambaraba Zi Zi Koko
Drei Käuzchen auf dem Vertiko,
Die legten sich aufs Ohr
Mit der Tochter vom Doktor.
Doch da schrie die Mutter so:
Ambaraba Zi Zi Koko!

Die englische Version, veröffentlicht in der Zeitschrift ›Finnegans Cake‹, mag in poetischer Hinsicht gelungener erscheinen, ist aber zweifellos *extra moenia,* was die Regeln des Genres und das Ensemble der extratextuellen Verweise betrifft:

There were three old Owls of Cochoers
Screwing a girl onto a big Chest of Drawers.
But the Maid was the Daughter
Of a Doctor, and their Mother
Cried: »Come back, lousy old Owls of
Cochoers!«

Um auf das italienische Original zurückzukommen: das Problem, das der Kritik am meisten zu schaffen gemacht hat, ist zweifellos das der Datierung. Obwohl die Alliterationen im ersten und letzten Vers einst Vossler verleitet hatten, Anklänge an die protolateinische Literatur herauszuhören, namentlich an das bei den »Ambarvalia« gesungene *Carmen arvale,* darf doch als gesichert gelten, daß der Sechszeiler nicht in eine Zeit vor der Gründung der Universität

Bologna datiert werden kann, da andernfalls nicht zu erklären wäre, wieso das Mädchen als Tochter eines *Doktors* bezeichnet werden konnte. Wahr ist jedoch, daß Gianfranco Contini in seiner meisterhaften Studie über die Varianten des Gedichts herausgearbeitet hat, daß in einer älteren Handschrift der dritte Vers noch nicht lautete »die Liebe *(amore)* machten«, sondern »die den Fehler *(errore)* machten«. Auch wenn die sexuelle Konnotation des *crimen* nicht im mindesten abgeschwächt ist, sondern im Gegenteil durch die subtil moralisierende Anspielung noch verstärkt wird, kann niemand übersehen, daß es erst die spätere Version war, in der unser Anonymus, indem er *errore* durch *amore* ersetzte, die bewundernswerte Paronomasie mit dem *chiamò* des fünften Verses erzielte, womit er eine metaplastische Antithese (reich an sememischen Möglichkeiten, sogar auf der Ebene der Aktantenstrukturen) zwischen der besorgten und beschützenden Liebe der Mutter und der besitzergreifenden und gedankenlosen Liebe der drei Käuzchen erzeugte.

Was übrigens die Mutter betrifft, so läßt der Text offen, ob sie die Mutter der Tochter ist oder nicht eher die Mutter der Käuzchen. Es scheint sich von selbst zu verstehen, daß sie die um ihre Tochter besorgte Mutter ist, aber man fragt sich doch, wie Starobinski feinsinnig bemerkt[2], warum sie dann die Käuzchen ruft und nicht ihre Tochter – es sei denn, daß hier alle Familienbande, wie auch die geschlecht-

[2] »La Chouette sous les mots« (»Die Eule unter den Wörtern«), in *Commutations* 3, 1968.

lichen Charaktere der Akteure des Dramas, sehr viel weniger evident waren, als es bei einer ersten oberflächlichen Lektüre noch erscheinen mag.[3]

Wie dem auch sei, um auf das Problem der Datierung zurückzukommen, das Gedicht kann schlechterdings nicht vor dem 11. Jahrhundert christlicher Zeitrechnung entstanden sein, und vielleicht ist es sehr viel später entstanden, wenn es denn wahr ist, wie Le Goff zu bedenken gegeben hat, daß »die Kommode (...) ihren Auftritt in der Praxis und Philosophie des Ameublements zeitgleich mit dem Niedergang einer Großgrundbesitzerökonomie und dem Aufstieg einer Klasse von bäuerlichen Kleineigentümern (hat), die zwar noch nicht völlig befreit sind, aber doch jedenfalls den Lebensbedingungen der an die Scholle gehefteten Knechte entgehen. Erst gegen Ende des 17. Jahrhunderts kommt schließlich in den Ardennen der Brauch auf, Liebe eher auf der Kommode als auf dem Strohsack zu machen, nicht zuletzt deshalb, weil es auf der Kommode meist einen Spiegel gibt.«[4]

Weitere elementare Konjektur: Die fast urwüchsige Szene – wie Marie Bonaparte sie qualifiziert[5] – des

[3] In diesem Zusammenhang: Gay (*Le Cul et le Cuit* 18, 1981) stellt unter Verweis auf die obsessive Wiederholung eines maskulinen Morphems am Ende fast jeden Verses mit Nachdruck die Frage nach dem Geschlecht der Käuzchen, desgleichen nach dem der Tochter und der Mutter.

[4] Jacques Le Goff, »Temps de la paillasse, temps de la commode« (»Zeit des Strohsacks, Zeit der Kommode«), in *Ânales* XXX, I, 1960.

[5] In ihrem Buch *Edgar Allan Poe, sein Leben und sein Rabe* (Zürich, Hoffmanns, 1982), worin Marie Bonaparte sich fragt, was geschehen wäre, wenn in »The Raven« drei Käuzchen statt eines Raben auf der Pallas-Büste gesessen hätten. Die Autorin bemerkt feinsinnig, wie schwer

Sexualverkehrs mit den drei Käuzchen kann nur in einem ländlichen Milieu stattfinden, da schwerlich einzusehen ist, wie es in einem städtischen Milieu zu einer solchen Konzentration von Eulen kommen kann.

Nachdem wir somit eine approximative Datierung des Sechszeilers festgelegt haben, bleibt uns jetzt nur noch, seine rhythmische und metrische Struktur zu beschreiben.

Es handelt sich, wie auf den ersten Blick zu ersehen, um einen doppelten Pentasyllabus (am Anfang und am Ende wiederholt) mit zweifacher Akzentuierung (auf der ersten, vierten, sechsten und achten Silbe), dem vier daktylische Oktonare folgen, so daß die sechs Verse in paarweisen Reimen gehalten sind. Eine »schwere und bewundernswerte Errungenschaft«, wie Contini in der bereits zitierten Untersuchung dazu anmerkt, wenn man bedenkt, daß in einer früheren Fassung der zweite Vers noch »tre civette sulla cassettiera« lautete (also zu deutsch ungefähr: »drei Käuzchen auf dem Schubladenschränkchen«), mit einem evidenten Verlust an metrischer und rhythmischer Energie.

Wie dem auch sei, eine beachtenswerte Strukturanalyse des Sechszeilers geben uns Jakobson und Lévi-Strauss in ihrem gemeinsamen Werk ›Les Chouettes‹, jener meisterhaften und bis heute unerreicht gebliebenen Studie, in der die Autoren zunächst bemerken, daß die beiden ersten Oktonare unter-

es ist, ein Käuzchen dazu zu bringen, das Wort »nevermore« auszusprechen, um wieviel schwerer also drei Käuzchen.

menschliche Wesen präsentieren (die Käuzchen und das Vertiko), während die beiden folgenden menschliche Wesen einführen; sodann, daß im ersten und dritten Oktonar jeweils Subjekte in Szene gesetzt werden, während der zweite und der vierte jeweils Handlungen evozieren. Diese wunderbare semantische Symmetrie wird noch verstärkt, und zwar mit einem superben Parallelismus, durch ein außerordentliches Spiel phonologischer Oppositionen. In der ersten Hälfte des doppelten Pentasyllabus beruht die Alliteration auf einem stimmhaften dunklen bilabialen momentan-explosiven Verschlußlaut, während wir in der zweiten Hälfte eine Opposition zwischen zwei Paaren von stimmlosen Gutturalen haben, in der das erste alliterierende Paar aus scharfen halb-explosiven Palatalfrikativen besteht und das zweite aus kompakten dunklen momentan-explosiven Velaren bzw. Hintergaumenverschlußlauten.

Diese doppelte Pseudo-Alliteration wiederholt sich paronomastisch im ersten Oktonar *(civette/comò)*, während der Auftritt der Mutter seine ganze Dramatik aus der vierfachen Wiederholung des bilabialen Nasals [m] bezieht.

Was die lexikalische Ebene betrifft, so »figurieren nicht nur die im zweiten Vers erwähnten Käuzchen lediglich einmal namentlich im Text«, sondern auch der stimmhafte kontinuierlich-frikative Labiodental [v] von *civette* kommt in dem ganzen Sechszeiler nicht wieder vor, es sei denn verwandelt zu einem stimmlosen kontinuierlich-frikativen Labiodental [f]. So stellt die Präsenz der Käuzchen, einmal angedeutet, aber nie wieder erwähnt, in dem Gedicht ein *ha-*

pax dar, »funkelnd wie ein Solitär«. In Erinnerung gerufen durch die anaphorischen */che/* (dritter Vers) und */le/* (fünfter Vers), beherrschen die Eulen gleichwohl das Poem: als Vögel der Minerva sind sie zweifellos eine Travestie der Baudelaireschen »savants austères« und zugleich, als Subjekte eines sexuellen Aktes, der »amoureux fervents« desselben Dichters. Daher die Gleichsetzung des geliebten Mädchens mit einer Katze, einer von denen, die der »Stolz des Hauses« sind, insofern sie auf der Kommode sitzen und »seßhaft gleich ihnen ... Freunde der Wissenschaft (der Doktor) und der Wollust (die Liebe)« sind. Was die Dialektik des Begehrens (Verlangens/Wunsches: *désir)* betrifft, so fehlt sie noch in der Analyse von Jakobson und Lévi-Strauss (und wie hätte es anders sein können in jener tristen Phase paläostrukturalistischer Observanz). Um so triumphaleren Einzug in die Geschichte der Erforschung dieses Gedichtes hält sie dafür mit dem berühmten »Séminaire XXXV« von Jacques Lacan.

Wie man weiß, hatte Lacan *(Doktor* Lacan! *Wessen Tochter war es, die sich auf der Kommode tummelte?)* zu Beginn jenes Seminars die am Ende seines ersten Seminars verteilten Elefanten wieder eingesammelt und den Teilnehmern dafür kleine Eulen gegeben, da diese, wie er behauptete, sich leichter als die Elefanten auf die Kommode stellen ließen.[6] An-

[6] Bekanntlich hat Armando Verdiglione in *Spiralo-stérilets et diaphragmes* behauptet, die Käuzchen seien *l'abject:* das Verworfene. Er hatte sich darauf versteift, die Elefanten auf die Kommode zu stellen, womit er offen mit seinem früheren Lehrmeister brach, und hatte dabei ein kostbares Möbelstück aus dem 19. Jahrhundert demoliert, das übrigens dem kleinen Hans gehörte, der den Schock nicht ertrug und kurz

schließend hatte er die Bemerkung fallenlassen, im allgemeinen gebe es auf einer Kommode einen Spiegel. Doch – und das war zweifellos der Geniestreich jenes Seminars – während seine Schüler ihre Aufmerksamkeit auf das vermeintlich kommodentypische Beiwerk richteten, das nicht nur ge-, sondern auch mißbraucht wird, anerkannte Lacan, unter beispielhaft klarer Angabe seiner Methode[7] in der Kommode ein typisches Schubladenmöbel und inaugurierte seine neue Theorie des ›Schubladenstadiums‹.

Die Schublade ist in der Tat der Ort des Verdrängten, und so erschien das Gedicht dem Doktor Lacan als die schlechthinnige Allegorie der »Urverdrängung«, während das triebhafte Handeln der Käuzchen, nur scheinbar inspiriert vom Begehren, sich ihm als eine kaum verhüllte Travestie des »Bemächtigungstriebes« enthüllte – beziehungsweise, wie derselbe Lacan in seinem luziden Französisch erklärte, »d'une Überwältigung de la fille-objet«.[8]

An dieser Stelle wird es nun unabdingbar, zu einer positiveren und eher verifizierbaren angelsächsischen

danach in einer Wiener psychiatrischen Klinik verstarb, wobei er sich für den Wolfsmann hielt.

[7] »La parole dont je me leurre ne pourra que se taire dans l'éclatement de ce qu'elle cache. Et pourtant ...« (zu deutsch etwa: »Das Wort, mit dem ich mich ködere, wird nur verstummen können im Glanze dessen, was es verbirgt. Und doch ...«). Es folgten 124 Minuten Schweigen, während deren Dr. Lagache versuchte, sich von einem Knoten im Hals zu befreien, indem er permanent schrille Schreie ausstieß, vgl. Julia Kristeva, »Chora-Chora«, in *Quel-Tel*, 1980, S. 70–25.

[8] Annika Rifflet-Lemaire berichtet, daß Lacan in der letzten Phase seines Denkens erwog, seine Experimente durch Postierung eines Taschenspiegels auf einer Zigarrenkiste fortzusetzen, da man ihm die Kommode im Zuge der Liquidation der Freudschen Schule beschlagnahmt hatte.

Sicht der Dinge überzugehen, die diese gallo-germanischen Nebel zerstreut. Wie man sich vielleicht noch erinnern wird, hatte Noam Chomsky schon zu seiner Zeit in den sechziger Jahren eingeräumt, daß die Transformationstheorie ernsthafte Schwierigkeiten hätte, den einleitenden Pentasyllabus des Gedichts zu erklären.[9] Chomsky hatte mit dem, was er zunächst »Standard Theory of the Chest of Drawers« (STCD) nannte, die WP *ambarabà ciccì coccò* zu analysieren versucht – wobei WP »What?-phrase« bedeutete, nach dem Ausruf von Dwight L. Bolinger (»What?!«), als er sich in seiner Eigenschaft als *native informant* mit der *utterance* des fraglichen Verses konfrontiert sah. Die Chomskysche STCD hatte den Pentasyllabus in der folgenden Weise dargestellt (Abb. 1):

Doch in seiner nächsten Phase (Theorie der Eulen, OET) beschloß der berühmte Linguist, auf den klassi-

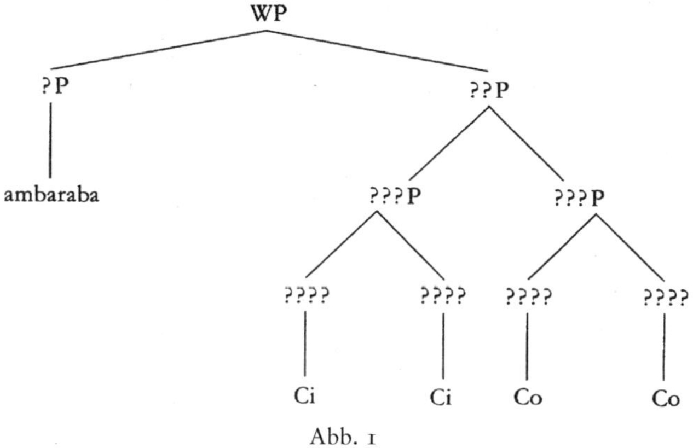

Abb. 1

[9] Noam Chomsky, *Personal Communication*, forthcoming. Vgl. auch Jean Baudrillard, *Oublier Chomsky.*

schen Asterisk (also das Sternchen *) zurückzugreifen und den fatalen Vers wie folgt darzustellen:

(1) * ambaraba cicci cocco.

Unbestreitbar eine ad-hoc-Lösung, die auf subtile Weise, mit einer Bezugnahme auf Frege, verworfen wurde von Snoopy, Snoopy and Snoopy (1978), für die in Anbetracht der Tatsache, daß das Signifikat (im Sinne von »Bedeutung«) jeder Aussage (im Sinne von *utterance*, *énoncé*) stets ein Wahrheitswert ist und daß mit Sternchen versehenen Sätze weder wahr noch falsch sind, das Signifikat von (1) als Aquivalent des Signifikats von (2) zu betrachten ist:

(2) * farblose grüne Ideen schlafen wütend,

mit dem paradoxen Ergebnis, daß, wer eine Aussage über die Schlafqualität *(virtus dormitiva)* von farblosen grünen Ideen machen wollte, den Satz (1) sagen müßte. Was wiederum nichts anderes besagen würde, bemerken Snoopy, Snoopy and Snoopy, als daß das Käuzchen-Gedicht dann folgendermaßen umgeschrieben werden müßte:

(3) Farblose grüne Ideen schlafen wütend,
Drei Käuzchen auf dem Vertiko,
Die machten Liebe
Mit der Tochter des Doktors.
Aber die Mama rief sie,
Farblose grüne Ideen schlafen wütend.

Immerhin erlaubte diese paradoxe Schlußfolgerung Harold Bloom, einen eingehenden Essay über die Dichtung als Mißverständnis zu schreiben[10], womit er Jacques Derrida die Gelegenheit gab, sich in einigen provokatorischen Reflexionen über die interpretatorische Abdrift zu ergehen[11], doch dem Versuch fuhr Quine in die Quere, der bemerkte[12], daß, wenn der Satz (3) nach der Maxime *post hoc ergo propter hoc* gelesen werden müßte (also *wenn* farblose grüne Ideen etc., *dann* drei Käuzchen etc.), dann daraus zu folgern wäre, daß, ausgehend von der Annahme:

p = farblose grüne Ideen schlafen wütend,

q = drei Käuzchen auf dem Vertiko machen Liebe mit der Tochter des Doktors,

p nur durch den *modus tollendo tollens* negiert werden könnte, also indem man davon ausginge, daß q nicht wahr ist. Da aber q nicht negiert werden kann wegen des Prinzips der Identität des Identischen, folgt daraus, daß es unmöglich ist, p zu negieren; womit man einräumt, daß es möglich sei, daß farblose grüne Ideen wütend schlafen, was intuitiv gesehen falsch ist, *salva veritate*.

Es lohnt sich, die Hypothese von Chafe, Chafe and Chafe (1978) zu erwähnen, nach der *coccò* eine Verbalform wäre (die dritte Person Singular des Passato remoto von *coccare)* und *Ambarabà Ciccì* ein Eigen-

[10] Mis*understanding Kabbalah,* New Haven, Yale University Press, 1980 (auszugsweise übersetzt in *Schreibheft* 28, 1986).

[11] Jacques Derrida, *Le Facteur chouatte et la dérridance,* Paris, Editions de Midi, 1980 (deutsche Ausgabe in Vorbereitung bei Edition SuhrCamp-Culture).

[12] W. Van Orman Quine, »Owls as Natural Kinds«, in *VRSVS, Zeitschrift für Zoosemiotik* (Mailand), 5, 1981.

name. In diesem Falle wäre der Sechszeiler als die Geschichte eines gewissen Ambarabà Ciccì zu lesen, der drei Käuzchen auf der Kommode cockierte (die Autoren stellten sich nicht die Frage, was »cockieren« sein mochte, da sie als bekannt voraussetzten, daß sie die Legitimität einer reinen Distributionsanalyse vertraten).

Bekämpft wurde diese Hypothese dann, wie man weiß, von Kripke im Licht einer kausalen Theorie der Bedeutung, da es nicht möglich sei, den Ausdruck Ambarabà Ciccì als starren Designator zu identifizieren, aus Mangel an Beweisen für eine vorausgegangene Taufe.[13]

Auf den Einwand von Searle, der meinte, Ambarabà Ciccì sei ersetzbar durch eine definierte Beschreibung wie (4):

(4) The only man who cocoed the owls in Como[14],

[13] Saul A. Kripke, »Ambaraba in S5«, in *Lyre* 5, 1982.

[14] Kripke wie Searle waren offenbar einem Mißverständnis erlegen, das vermutlich auf einer fehlerhaften kritischen Edition beruhte: Sie hatten *comò* (die Kommode) für *Como* (die Stadt am Comer See) gehalten, und wie jedem unschwer ersichtlich, wird dadurch die Interpretation des Gedichtes fatal kompromittiert. Zu diesem Mißverständnis lese man die subtilen Bemerkungen von D'Arco Silvio Avalle in »Le civette di Montale« (»Montales Käuzchen«), in *La Revue ad oc* (Montségur). Vgl. auch G. Deleuze und F. Guattari, »Tausend Vögel. Über die Unmöglichkeit, die Sprache zu befragen«, in Gianni Vattimo (Hrsg.), *Starres Denken und schwache Designatoren*, Reinbek, Wohlrot, 1980. Man nimmt an, daß Kripke, verbohrt in den Gedanken, die drei Käuzchen hätten sich in Como befunden, seine Nachforschungen auf die Taufzeremonien in den Gemeinderegistern jener Stadt beschränkt hat. Diesem Umstand ist die Konklusion zu verdanken, derzufolge es nie einen Ambarabà Ciccì gegeben habe, während es richtiger heißen müßte, daß es nie einen Ambarabà Ciccì in Como gegeben hat.

erwiderte Kripke mit Verweis auf die Mißlichkeiten, in die man gerate, wenn man den Namen durch die definierte Beschreibung in einem opaken Kontext wie (5) ersetze:

(5) John thinks that Nancy hoped that Mary believed that Noam suspected that Ambaraba was not a proper name.

Denn die Behauptung (6):

(6) John thinks that . . . the only man who cocoed the owls in Como was not a proper name

sei nicht nur sinnlos, sondern offenkundig auch falsch, da jeder wisse, daß:

(7) John is eager to please,

weshalb John sich niemals erlauben würde, eine so dumme Behauptung aufzustellen und sich die allgemeine Mißbilligung zuzuziehen.

Völlig neubestimmt wurden die Koordinaten dieses ganzen Streites durch die generativen Semantiker (siehe besonders Fillcawley, McJackendkoff, Klima-Toshiba and Glup, 1979), die beschlossen, auf die unmögliche Analyse des ersten Verses zu verzichten, um sich ganz auf die folgenden Verse zu konzentrieren, und zwar in der vereinfachten Form des Satzes (8):

(8) three owls are screwing a girl on a chest of drawer,

den sie aus der englischen Version des Gedichts abgeleitet hatten, um ihn sodann wie folgt darzustellen (Abb. 2).

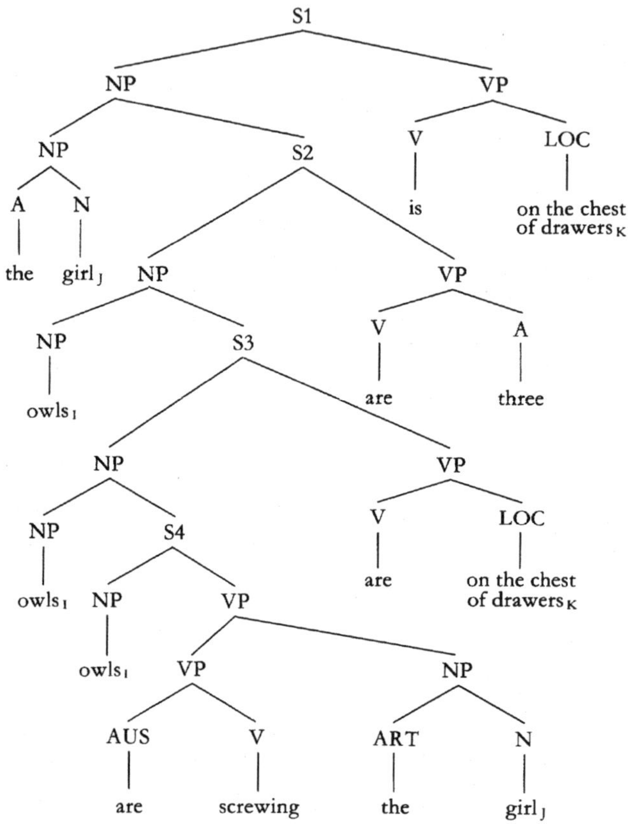

Abb. 2

Die rüde Polemik zwischen Transformationalisten, Generativisten und Sprachphilosophen beruhigte sich aber schließlich dank der Intervention von Montague

(1979), der in einem seiner exemplarischen Essays über das Käuzchengedicht beschloß, ein Prädikat P wie folgt anzunehmen:

> *P* = drei Käuzchen auf dem Vertiko sein, die mit der Tochter des Doktors bumsen, bis die Mama sie ruft,

wodurch es möglich wurde, das ganze Gedicht in folgender Weise zu formalisieren (mit hochgestellter Kennziffer einer möglichen Welt ^{w1}):

$$P \times {}^{w1}$$

Man beachte, daß unter der Annahme, in einer anderen möglichen Welt ^{w2} sei das Prädikat P wie folgt zu bestimmen:

> *P* = das einzige Individuum sein, das sich in der Mitte seines Lebensweges in einem dunklen Wald befindet, usw.

auch die gesamte ›Göttliche Komödie‹ durchaus adäquat formalisiert werden könnte als:

$$P\,x^{w2,}$$

wodurch man auf eine fast ikonische Weise die tiefe innere Verwandtschaft zwischen allen Kunstwerken, die diesen Namen verdienen, aufgezeigt hätte.

Doch als Reaktion auf die Hypersimplifizierung der angelsächsischen Schulen[15] haben Greimas und die Ecole de Paris, nachdem sie in dem Gedicht auf der fundamentalen Ebene vier Aktanten (Subjekt, Objekt, Adjuvans und Opposans) identifiziert und deren Aktorialisierung unter den Anthroponymen Käuzchen, Tochter, Kommode und Mama herausgearbeitet hatten, darin zwei narrative Programme nachgewiesen.

Erstens ein Programm $F\,[S_1 \rightarrow (S_1 \cap Ov)°]$, in dem die Käuzchen sich mit dem Wertobjekt Tochter verbinden, und zweitens ein Programm $F\,[S_2 \rightarrow (S_1 \cup Ov)]$, in dem die Mama die Käuzchen von ihrem Wertobjekt trennt. Während des ersten Programms, bei Annahme eines Modalitätenquadrates wie dem hier folgenden:

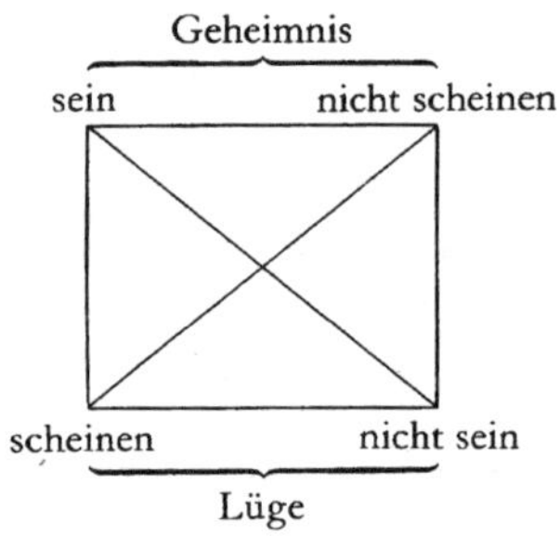

[15] Montague gelangt zu Konklusionen, die er mit Hilfe eines Räsonnements von exemplarischer Luzidität ausdrückt. Angenommen, $[\lambda\gamma.\exists x R x \gamma$ sei die Gesamtheit der Objekte in der Relation Rx und definiere sich durch $[\lambda\, x_1\, \varphi]^{m}_{g} = \{d{:}[\varphi]^{m}_{g}\,(x/d) = 1\}$, d.h. als die Gesamtheit der Objekte *d*, die, wenn sie an die Stelle von *x* treten, φ befriedigen; und weiter angenommen, $\lambda\chi \,\Box\, Px)$ *(i)* sei jemand, der notwendig die Eigenschaft, *P* zu sein, hat. Montague findet sich nicht mehr durch und rekurriert auf die simplifizierte Lösung.

scheint die Tochter (die nicht weiß, was die Käuzchen mit ihr treiben) zu spielen, aber sie spielt nicht wirklich (sie ist das Opfer der Lüge des Käuzchentrios), während die Käuzchen die Adressaten eines Geheimnisses sind (sie bumsen, aber sie sehen nicht danach aus, sie tun, als spielten sie mit der Tochter Doktor). Während des zweiten narrativen Programms entdeckt die Mutter die Wahrheit und identifiziert das Scheinen der Käuzchen mit ihrem Sein. Übergehen wir die Zwischenstufen der faszinierenden Analyse von Greimas, an deren Ende der Autor entdeckt, daß die tiefliegenden Oppositionen des Gedichts auf dem Quadrat folgendermaßen umgekehrt werden können:

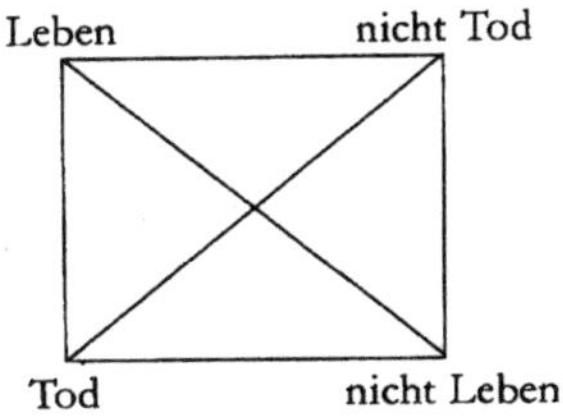

Jedoch (und hier liegt der *punctum dolens* dieser im übrigen höchst eingehenden Lesart) am Ende weiß der Autor nicht mehr, wohin er mit der Kommode soll, und beschließt, sie der Heilsarmee zu schenken.

Die unserem Aufsatz gezogenen Grenzen hindern uns daran, zahllose weitere analytisch-kritische Beiträge zu dem faszinierenden Problem des Käuzchen-Sechszeilers hier zu resümieren. Für diesmal mag es genügen, mit einem Hinweis auf den neuen Essay von Emanuele Severino zu schließen, in dem er mit einem luziden Gespür für das Schicksal sowie einer bedeutend höheren Dichte und größeren Tiefe, als man sie durch die Anwendung aller mühseligen Methoden der diversen Strukturalismen und Formalismen zu erreichen vermöchte, in den drei Käuzchen, die ihren Willen zur Herrschaft über die Tochter des Doktors ausüben, das innerste Wesen und die Berufung des Abendlandes aufzeigt.[16]

Erst die Ankunft der Mutter macht dem Willen zur Macht der drei Käuzchen ein Ende und setzt sich als Negation des Nihilismus des Wesens des Abendlandes, eine Anspielung auf den »zweiten Reiter« und den »Willen zum Schicksal«. Um sie zu akzeptieren, müssen die Käuzchen notwendigerweise begreifen, daß es für sie nur durch den Verzicht auf die Beherrschung der Welt möglich wird, die Falschheit der Behauptung zu erkennen, derzufolge es unwahr ist, daß es falsch ist, daß das Sein ein Nichts ist. Das Gewollte ist nicht möglich, und der Sinn der Wahrheit ist in Ewigkeit das, was dem Willen nicht gelingt und niemals gelingen wird zu sein. So beglaubigen das *Ambarabà* zu Beginn und das *Ambarabà* am Ende, indem sie eine ewige Wiederkehr skandieren, die Nichtigkeit des Werdens als Einbruch des Unerhörten. Und die Mutter macht nur evident, wie sehr das Unvorhersehbare vorhersehbar wäre für den, der den Willen zur Antizipation (zum *ante-capere,* Vor-wegnehmen) der Käuzchen und ihres Scheiterns hätte und nährte. Deswegen kommt zum Abschluß, so wie am

[16] Zum Problem des Abendlands siehe J.-F. Lyotard, *Le Post-Antique*, und M. Heidegger, *Hitler? Was ist das?*, Dachau 1943. Vgl. auch G. Agamben, *Penser: c'est chouette, ça!*, demnächst deutsch in *Edition Hakzente*, München: *Denken – wie kauzig!*

Anfang, noch einmal und immer wieder *Ambarabà*. Das Ganze ist unveränderbar.

Es sei dem Chronisten dieses literaturkritischen Abenteuers gestattet, hier innezuhalten, in diesem Stadium, in dem die Chronik nicht Tautologie des Faktischen ist, sondern Frage und Abdrift höchste Bedingung (die fragende Pause), um weitergehen zu können und dabei zum Anfang zurückzukehren; und um im Sagen nichts zu sagen und im Nichtssagen in der Identität des Diversen zu bleiben. Dort, wo – die Käuzchen haben für uns gesprochen, und wir für sie und/oder die Sprache für beide; oder das Schweigen für das Sprechen –, dort, wo keine Stimme je mehr wird schweigen können in der vollen Sagbarkeit ihrer eigenen Leere.

Dies und nichts anderes ist es, was die Dichtung von uns erwartet.

(1984)

Do your movie yourself

1993, mit der definitiven Übernahme des Videorecorders sogar in den Katasterämtern, gerieten sowohl der kommerzielle als auch der experimentelle Film gleichzeitig in die Krise. Das Filmemachen war zu einer erschwinglichen Tätigkeit für alle geworden, und jeder sah sich seine eigenen Filme an, ohne noch ins Kino zu gehen. Die neue Technik der Wiedergabe durch Kassetten, die in den Monitor am Armaturenbrett eingeführt werden, hatte die handwerklichen Methoden des experimentellen Films obsolet gemacht. In jenen Jahren kamen die Handbücher vom Typus »Wie fabriziere ich meinen Antonioni selbst?« auf den Markt. Der Anwender kaufte sich ein sogenanntes »Plot Pattern«, also eine Art Stoff-Schnittmuster für ein vielfältig abwandelbares Thema oder »multiples Sujet«, das mit einer breitgefächerten Serie von standardisierten Variationen aufgefüllt werden konnte. Aus einem einzigen Pattern mit dazugehöriger Variationen-Packung ließen sich beispielsweise 15751 Antonioni-Filme gewinnen. Wir dokumentieren hier einige der Gebrauchsanweisungen, die den Filmkassetten beigegeben waren. Die hochgestellten Buchstaben verweisen auf den jeweiligen Set der möglichen Alternativlösungen zu den Grundsituationen. So generiert beispielsweise das Basic Pattern à la Antonioni (»Eine trostlose Weite. Sie entfernt sich.«)

andere Filme mit differenzierten Plots wie: »Ein Labyrinth von im ungewissen verschwimmenden Autobahnraststätten. Er befühlt lange einen Gegenstand«, und so weiter.

Multiples Sujet für Antonioni

Eine[a] trostlose[b] Weite[c]. Sie[d] entfernt sich[e].

Abwandlungen

a Zwei, drei, unzählige; ein Netz von; ein Labyrinth von; ein;

b leere; endlose; im Ungewissen verschwimmende; im Sonnenglast diesige; neblige; durch großmaschige Eisengitter unpassierbar gemachte; radioaktive; durch Weitwinkelobjektiv verzerrte;

c Insel; Stadt; Autobahnknoten; Autobahnraststätte; U-Bahnhof; Ölfeld; Wüste; Hotelsiedlung an der Adria; Hochhausviertel vor den Toren von Rom; Röhrenlager unter freiem Himmel; Autofriedhof; Fiat-Werk am Sonntagmorgen; Industrieausstellung nach Feierabend; Raumfahrtzentrum am Nationalfeiertag; Campus der University of California in Berkeley, wenn die Studenten in Washington demonstrieren; Flughafen Fiumicino bei Fluglotsenstreik;

d Er; beide;

e steht da; befühlt lange einen Gegenstand; entfernt sich, bleibt ratlos stehen, macht zwei Schritte zurück und entfernt sich von neuem; bleibt stehen und wird von der Kamera umkreist; blickt ausdruckslos in die Kamera und faßt sich dabei an den Kragen.

Multiples Sujet für Jean-Luc Godard

Er kommt an[a] und Boing[b] explodiert eine Raffinerie[c] die Amerikaner[d] macht Liebe[e] mit Bazookas[f] bewaffnete Kannibalen[g] schießen[h] auf die Eisenbahn[i] sie fällt[j] durchsiebt von Garben[k] aus Karabinern[l] fährt in Wahnsinnstempo[m] nach Vincennes[n] Dany Cohn-Bendit[o] nimmt den Zug[p] und spricht[q] zwei Männer[r] töten sie[s] liest Maximen von Mao[t] Montesquieu[u] wirft eine Bombe[v] auf Diderot[w] er sprengt sich in die Luft[x] verkauft den Figaro[y] da endlich kommen die Rothäute[z].

Abwandlungen

a Er ist schon da und liest Maximen von Mao; liegt tot auf der Autobahn mit herausgespritztem Gehirn; sprengt sich in die Luft; hält eine Versammlung ab; läuft eine Straße entlang; springt aus einem Fenster;

b Wroarr; Krach; Rrrumms; Bummsdi; Rumpeldipumpel; Rackerdiklack;

c ein Kindergarten; Notre-Dame; die Zentrale der Kommunistischen Partei; das Parlament; eine unterdrückte Wut; der Parthenon; die Redaktion des Figaro; der Elysée-Palast; Paris;

d die Deutschen; die französischen Fallschirmjäger; die Vietnamesen; die Araber; die Israeli; die Polizei;

e macht sie nicht;
f mit Krummsäbeln; mit Exemplaren des Figaro; mit Enterhaken; mit Maschinenpistolen; mit Töpfen voll roter Farbe; mit Töpfen voll blauer Farbe; mit Töpfen voll gelber Farbe; mit Töpfen voll rosa Farbe; mit Töpfen voll schwarzer Farbe; mit Bildern von Picasso; mit kleinen roten Büchern; mit Ansichtspostkarten;
g Indianer; Horden von Buchhaltern; abtrünnige Kommunisten; verrückte Lastwagenfahrer;
h werfen Steine; werfen Bomben; kippen Töpfe voll roter, grüner, blauer, gelber, schwarzer Farbe um; beschmieren die Straße mit einer glitschigen Masse;
i auf den Elysée-Palast; auf die Universität von Nanterre; auf der Piazza Navona;
j wird von CIA-Agenten aus dem Fenster geworfen; wird von Fallschirmjägern defloriert; wird von australischen Aborigines umgebracht;
k mit einem tiefen Schlitz im Bauch, aus dem kleine Bäche von gelber, roter, blauer, schwarzer Farbe rinnen;
l aus Mispeln; macht Liebe mit Voltaire;
m in ungleichmäßigem Tempo; im Schneckentempo; regungslos dasitzend, während der Hintergrund vorbeigleitet (Rückprojektionen benutzen);
n nach Nanterre; zum Renault-Werk in Flins; zur Place de la Bastille; nach Clignancourt; nach Venedig;
o Jean-Jacques Servan-Schreiber; Jean-Paul Sartre; Pier Paolo Pasolini; d'Alembert;
p verpaßt den Zug; radelt; fährt auf Rollschuhen;
q und weint; und schreit »Vive Guevara!«

r eine Indianerbande;
s alle; keinen;
t Brecht-Zitate; die Erklärung der Menschenrechte; Saint-John Perse; Fürst Korzybsky; Eluard; Lo Sun; Charles Péguy; Rosa Luxemburg;
u Diderot; de Sade; Restif de la Bretonne; Pompidou;
v eine Tomate, die zerplatzend rote, blaue, gelbe, schwarze Farbflecken macht;
w Dany Cohn-Bendit; Nixon; Madame de Sévigné; Voiture; Van Vogt; Einstein;
x geht weg; sprengt alle anderen in die Luft; wirft eine Bombe auf den Arc de Triomphe; bringt ein Elektronengehirn zum Platzen; kippt Töpfe voll gelber, grüner, blauer, mennigeroter, schwarzer Farbe um;
y verkauft Mao-Bibeln; schreibt eine Wandzeitung; liest Verse von Pierre Emmanuel; sieht einen Film von Chaplin;
z die Fallschirmjäger; die Deutschen; Horden von hungrigen und mit Säbeln bewaffneten Buchhaltern; Panzerspähwagen; Pier Paolo Pasolini Arm in Arm mit Pompidou; die Urlauberwellen zu Ferragosto; Diderot und d'Alembert als Hausierer mit der Encyclopédie; die vereinten Marxisten-Leninisten auf Tretrollern.

Multiples Sujet für Ermanno Olmi

Ein arbeitsloser[a] Holzfäller[b] zieht lange durchs Land[c], kommt dann zurück in sein Heimatdorf[d] und entdeckt, daß seine Mutter[e] gestorben ist[f]. Beim Spazierengehen im Wald[g] spricht er mit einem Landstreicher[h], begreift schließlich die Schönheit der Bäume[j] und bleibt da[k], um nachzudenken[l];

Abwandlungen

a überbeschäftigter; trübsinniger; zielloser; kranker; entlassener; von einem Gefühl der Leere erfüllter; vom Glauben verlassener; wieder zum Glauben gekommener; nach einer Begegnung mit Papst Johannes XXIII. wieder gläubig gewordener;

b junger Mann, der zum ersten Mal in die Stadt kommt; alter Partisan; enttäuschter Führungskader; Gebirgsjäger; Minenarbeiter; Skilehrer;

c zieht kurz durchs Land; fährt in einem Mini Cooper auf der Autobahn; fährt einen Lkw von Bergamo nach Brindisi;

d in das Sägewerk seines Bruders; in seine Almhütte; zum Piz Buin; nach Chamonix; an den Kalterersee; nach Genua in den kleinen Tabakladen seines Vetters;

e ein(e) andere(r) Verwandte(r) ersten Grades; seine Verlobte; sein bester Freund; der Pfarrer;

f krank ist; Prostituierte geworden ist; den Glauben verloren hat; den Glauben wiedergefunden hat; dem Papst Johannes XXIII. begegnet ist; nach Frankreich gezogen ist; von einer Lawine verschüttet worden ist; sich wie eh und je mit den kleinen Dingen des Alltags beschäftigt;

g auf der Autobahn; rings um den Wasserflughafen; beim städtischen Gaswerk; im ewigen Schnee; nach

San Giovanni sotto il Monte; in den Korridoren einer sehr entfremdeten Werbeagentur;

h mit einem ehemaligen Gebirgsjäger; mit dem Pfarrer; mit einem ehemaligen Partisanen; mit einem Bergführer; mit dem Skilehrer; mit dem Boß der Holzfäller; mit der Chefin einer Agentur für Industrial Design; mit einem Arbeiter; mit einem Arbeitslosen aus dem Mezzogiorno;

i begreift beim besten Willen nicht; erinnert sich an; entdeckt von neuem; erkennt nach einer Begegnung mit Papst Johannes XXIII.;

j des ewigen Schnees; der Baustelle; der Einsamkeit; der Freundschaft; der Stille;

k geht für immer fort;

l ohne noch etwas zu denken; ohne noch irgendein Ziel im Leben zu haben; mit einem neuen Lebensziel; um eine neuntägige Andacht für Papst Johannes XXIII. zu halten; um Holzfäller (Bergführer, Landstreicher, Minenarbeiter, Wasserträger) zu werden.

Multiples Sujet für Sampieri, Bellocchio, Faenza etc.

Junger Mann mit Kinderlähmung[a], Sohn aus schwerreicher[b] Industriellenfamilie, der im Rollstuhl[c] durch eine Luxusvilla[d] mit großem Park voller Kieswege[e] flitzt, haßt seinen Vetter[f], einen linksradikalen[g] Architekten[h], und vereinigt sich sexuell[i] mit seiner eigenen Mutter[j] in biologisch korrekter Weise[k], um sich dann zu töten[l], nachdem er mit dem Verwalter[m] Schach[n] gespielt hat.

a mit Querschnittlähmung; mit Zwangsneurose; mit simpler Neurose; mit tiefem Ekel vor der neokapitalistischen Gesellschaft; mit schwerem Trauma aufgrund einer als Dreijähriger erlittenen Vergewaltigung durch den Großvater; mit nervösem Zucken am Kiefer; gut aussehend, aber impotent; blond und lendenlahm (und nicht glücklich darüber); Verrücktheit vortäuschend; Gesundheit vortäuschend; von religiösem Wahn besessen; Mitglied der Marxistisch-Leninistischen Union, aber aus neurotischen Gründen;

b wohlhabender; in Zerfall begriffener; erblich belasteter; zerstörter; zerrütteter;

c auf einem Brett mit Rollen; an Krücken; mit einem künstlichen Bein; mit einer Zahnprothese, deren Eckzähne so weit herausragen, daß er sich auf sie stützen kann; ausschließlich durch das Geäst der Bäume hangelnd;

d Yacht; Gartenstadt; Klinik; das väterliche Sanatorium;

e oder mit anderen Arten von Bodenbelag, solange sie nur ein knirschendes Geräusch machen, wenn eine schwere Limousine darüberfährt;

f oder andere Verwandtschaftsbeziehung nach Wahl, einschließlich Stiefgeschwister und angeheiratete Verwandte; den/die Geliebte(n) der Mutter (des Vaters, der Tante, der Großmutter, des Verwalters, der Verlobten);

g ›Espresso‹-lesenden; reformkommunistischen; linksliberalen; als Partisan bei den Garibaldi-Brigaden aktiv gewesenen; als Mitglied des Planungskomitees tätigen; mit Theodorakis befreundeten; mit Berlinguer verwandten; als Studentenführer aktiv gewesenen;

h Städteplaner; Schriftsteller; Präsidenten des Natur- und Heimatschutzbundes; Börsenagenten (mit der Nase im Wind); engagierten Schriftsteller;

i bemüht sich um sexuelle Vereinigung; erweist sich als impotent beim Bemühen um sexuelle Vereinigung; denkt an sexuelle Vereinigung (Traum-Sequenz); defloriert mit einer Fahrradluftpumpe die;

j Großmutter; Tante; Schwester; Stiefbase; Base zweiten Grades; Schwägerin; den Vater; den Bruder;

k rektal; durch Einführung einer Dynamitkerze in die Vagina; mit einem Maiskolben (nach einem Faulkner-Zitat, das der linksradikale Architekt, siehe g-h, zufällig fallenläßt); durch Cunnilingus; indem er sie wüst verprügelt; in Frauenkleidern; so gekleidet, daß er aussieht wie sein eigener Vater (Großmutter, Tante, Mutter, Bruder, Kusine); in der Uniform der Föderierten; in der Uniform der Marines; in einer Diabolik-Maske aus Plastik; in SS-Uniform; in Radikalen-Kluft; als Scorpio Rising verkleidet; in einem Anzug von Paco Rabanne; im Priesterkleid;

l sich mit Benzin zu übergießen; eine Überdosis Schlaftabletten zu nehmen; sich nicht zu töten, aber daran zu denken (Traum-Sequenz); sie (ihn) zu töten; mit dem *Salve Regina* auf den Lippen zu masturbieren; die Telefonseelsorge anzurufen; die Hauptpost in die Luft zu sprengen; auf das Familiengrab zu urinieren; mit wüstem Gelächter das eigene Kinderfoto anzuzünden; die *Norma* zu singen;

m der Tante; der Großmutter; der arglosen kleinen Schwester; sich selbst im Spiegel; der toten Mutter (Traum-Sequenz); dem vorbeikommenden Briefträger; der alten Gouvernante; einem der Brüder Bellocchio (egal welchem);

n Dame; Halma; Go; Mensch-ärgere-dich-nicht; Backgammon; Siebzehn-und-vier; Sechsundsechzig; Pingpong; Bleisoldaten; Indianer-und-Cowboy; Räuber-und-Gendarm; Alles-oder-nichts.

Multiples Sujet für Luchino Visconti

Lesbische hanseatische[a] Baronin[b] verrät ihren Geliebten[c], einen Arbeiter bei VW[d], durch Denunziation[e] bei der Polizei[f]. Er stirbt[g], woraufhin sie voller Reue[h] ein großes orgiastisches[i] Fest[j] mit Travestiten[k] in den Souterrains der Oper[l] veranstaltet, um sich dortselbst zu vergiften[m].

Abwandlungen

a bayerische; sizilianische; vatikanische; welfische;

b Herzogin; Pharaonentochter; Marquise; Daimler-Benz-Aktionärin; k. u. k. Musikerin;

c ihre Geliebte; ihren Gatten; ihren Sohn, mit dem sie inzestuöse Beziehungen hat; ihre Schwester, mit der sie inzestuöse Beziehungen hat; den Geliebten ihrer Tochter, mit dem sie inzestuöse Beziehungen hat und den sie mit ersterem betrügt; den SS-Obersturmbannweltanschauungsgötterdämmerungsführer von Oberschlesien; den Lustknaben ihres impotenten und rassistischen Gatten;

d Fischer auf Rügen; Monteur bei Hoch-Tief; Riverboat gambler; Mad Doctor in einem Nazi-KZ; Kommandant der leichten Kavallerie des Pharaos; Feld-Adjutant des Marschalls Radetzky; Leutnant bei Garibaldi; Gondoliere;

e durch falsche Angaben über die zu befolgende Route; indem sie ihm eine falsche Geheimbotschaft anvertraut; indem sie ihm ein Rendezvous auf einem Friedhof in der Nacht zum Karfreitag verspricht; indem sie ihn als Rigolettos Tochter verkleidet und in einen Sack steckt; indem sie eine Falltür im Salon des Schlosses ihrer Ahnen öffnet, während er, verkleidet als Marlene Dietrich, das Lied vom König in Thule singt.

f bei Marschall Radetzky; beim Pharao; bei Tigellinus; beim Herzog von Parma; beim Fürsten Salinas; beim SS-Oberstammdeutschkrimalinterpolphallusführer von Hinterpommern;

g singt eine Arie aus der ›Aida‹; sticht auf einem Fischkutter in See Richtung Malta und läßt nichts mehr von sich hören; wird während eines wilden Streiks mit Eisenstangen verprügelt; wird von einem Trupp Ulanen im Solde des Prinzen von Homburg sodomisiert; holt sich eine Geschlechtskrankheit durch sexuelle Kontakte mit Vanina Vanini; wird als Sklave an den Sultan verkauft und, nachdem ihn die Borgias auf dem Flohmarkt wiedergefunden haben, von Pharaos Tochter als Bettvorleger benutzt;

h ganz ohne Reue und rasend vor Freude; verrückt geworden; zum Klange von Balalaikas am Lido badend;

i mystisches; dramatisches; barockes; algolagnisches; skatologisches; sadomasochistisches;

j Leichenbegängnis; satanisches Ritual; Tedeum;

k mit verdorbenen Kindern; mit Homosexuellen aus Deutschland; mit Chorsängern aus dem ›Troubadour‹; mit Lesbierinnen im Gewand bourbonischer Soldaten; mit Kardinal Ruffo und Garibaldi; mit Dario Fo; mit Gustav Mahler;

l auf dem Friedhof Père Lachaise; in Hitlers Bunker; auf einem Schloß im Schwarzwald; in Abteilung 215 der Fiat-Nutzfahrzeugwerke; im Hotel des Bains am Lido von Venedig;

m den ganzen ›Ring des Nibelungen‹ anzuhören; burgundische Lieder auf einer Guimbarde zu spielen; sich auf dem Gipfel des Festes zu entkleiden, um darzutun, daß sie in Wahrheit ein Mann ist, und sich alsdann zu entmannen; an Schwindsucht zu sterben, in kostbare Gobelins drapiert; flüssiges Wachs zu trinken und im Musée Grévin begraben zu werden; sich von einem Dreher die Kehle durchschneiden zu lassen, während sie dunkle Prophezeiungen murmelt; zu warten, bis das Hochwasser auf den Markusplatz kommt, und sich darin zu ertränken.

(1972)

. . . müssen wir mit Bedauern ablehnen (Lektoratsgutachten)

Anonym: ›Die Bibel‹

Ich muß sagen, als ich den Anfang dieses Manuskripts und die ersten hundert Seiten las, war ich begeistert. Alles Action, prallvoll mit allem, was die Leser heute von einem richtigen Schmöker erwarten: Sex (jede Menge), Ehebrüche, Sodomie, Mord und Totschlag, Inzest, Kriege, Massaker usw.

Die Episode in Sodom und Gomorra mit den Schwulen, die die zwei Engel vernaschen wollen, könnte von Rabelais sein; die Geschichten von Noah sind reinster Karl May, die Flucht aus Ägypten schreit geradezu nach Verfilmung . . . Kurz, ein echter Reißer, gut konstruiert, mit effektsicheren Theatercoups, voller Fantasy, dazu genau die richtige Prise Messianismus, ohne die Sache ins Tragische kippen zu lassen.

Beim Weiterlesen habe ich dann gemerkt, daß es sich um eine Anthologie diverser Autoren handelt, eine Zusammenstellung sehr heterogener Texte mit vielen, zu vielen poetischen Stellen, von denen manche auch ganz schön fade und larmoyant sind, echte Jeremiaden ohne Sinn und Verstand.

Was dabei herauskommt, ist ein monströses Sammelsurium, ein Buch, das alle bedienen will und daher am Ende keinem gefällt. Außerdem wäre es eine

Heidenarbeit, die Rechte von all den Autoren einzuholen, es sei denn, der Herausgeber stünde dafür gerade. Aber dieser Herausgeber wird leider nirgends genannt, nicht mal im Register, als ob es irgendwie Hemmungen gäbe, seinen Namen zu nennen.

Ich würde vorschlagen zu verhandeln, um zu sehen, ob man nicht die ersten fünf Bücher allein herausbringen kann. Das wäre ein sicherer Erfolg. Mit einem Titel wie »Die verlorene Schar vom Roten Meer« oder so.

Homer: ›Die Odyssee‹

Mir persönlich gefällt das Buch. Es hat eine schöne, fesselnde Story voller Abenteuer, es hat genau die richtige Dosis Liebe, es handelt von Gattentreue und kleinen Seitensprüngen (sehr gut die Figur der Kalypso), eine echte Männerverschlingerin), es hat sogar einen Hauch von Lolita in der Episode mit dem Mädchen Nausikaa, in der auf subtil erregende Weise alles nur angedeutet und doch sonnenklar wird. Dazu viel Action, atemberaubende Szenen mit einäugigen Giganten und Kannibalen, ja sogar ein Schuß Droge, gerade so viel, daß man keine Schwierigkeiten mit der Zensur bekommt – denn soweit ich weiß, steht der Lotus nicht auf dem Index des *Narcotics Bureau*. Die Schlußszenen sind in bester Western-Manier gehalten, die Keilerei ist solide, und der Bogenwettkampf hat einen meisterlich durchgehaltenen Suspense.

Was wäre sonst noch zu sagen? Das Ganze liest sich viel flüssiger als der erste Roman desselben Autors, der mit seinem sturen Beharren auf der Einheit des Ortes zu statisch war, dazu ermüdend durch die Überfülle an Ereignissen – denn nach der dritten Schlacht und dem zehnten Duell hat der Leser den Mechanismus begriffen. Und außerdem haben wir ja gesehen, was uns die Geschichte von Achilles und Patroklos mit ihrem Beiklang von gar nicht mal bloß latenter Homosexualität für einen Riesenärger mit dem Kreisjugendamt Neuwied eingebracht hat. Nichts davon in diesem zweiten Buch, hier läuft alles glatt, sogar der Ton ist ruhiger, bedächtiger, um nicht zu sagen: nachdenklicher geworden. Dazu die gekonnte Montage, das Spiel mit den Rückblenden, die Verschachtelung der Geschichten ... Mit einem Wort, große Klasse, dieser Homer ist wirklich sehr gut.

Zu gut, würde ich sagen ... Ich frage mich, ob das alles auf seinem Mist gewachsen ist. Sicher, beim Schreiben lernt man dazu (und wer weiß, vielleicht wird sein drittes Buch wirklich ein Knüller), aber was mir Sorgen macht – und mich nach reiflicher Überlegung dazu bringt, eher abzuraten –, ist das Chaos, das sich bei den Rechten ergeben wird. Ich habe mit dem Literaturagenten Erich Linder darüber gesprochen, die Lage ist alles andere als unkompliziert.

Vor allem ist der Autor nicht mehr aufzutreiben. Nach Auskunft derer, die ihn gekannt haben, war es in jedem Fall eine Qual, mit ihm über kleine Veränderungen am Text zu reden, denn er sei blind wie ein Maulwurf gewesen und habe sich nie um das Manuskript gekümmert, ja er schien es nicht einmal richtig zu kennen: Er zitierte aus dem Gedächtnis, er wußte nicht mehr, was genau er diktiert hatte, und meinte, die Sekretärin hätte wohl etwas eingefügt. Es stellt sich also die Frage, ob er wirklich der Autor ist oder womöglich bloß seinen Namen hergegeben hat.

Das wäre soweit noch kein Problem, die Kunst des Lektorierens ist ja inzwischen hoch entwickelt, und viele Bücher, die im Lektorat umgeschrieben werden oder von Autorenteams stammen (siehe Fruttero & Lucentini), werden am Ende große Erfolge. Aber bei diesem Buch sind die Ungewißheiten zu groß. Linder meint, daß die Rechte nicht allein bei Homer liegen könnten, man müßte auch mit gewissen äolischen Liedermachern verhandeln und ihnen für einige Stellen Prozente anbieten.

Nach Ansicht eines Literaturagenten in Chios müßten die Rechte von einer Gruppe dort ansässiger Rhapsoden eingeholt werden, die praktisch als »Neger« oder Ghostwriter für Homer gearbeitet hätten, allerdings wisse man nicht, ob ihre Werke beim lokalen Schriftstellerverband gemeldet seien. Ein Agent in Smyrna behauptet dagegen, daß Homer der alleinige Urheber sei, nur sei er inzwischen gestorben, und da er keine Nachkommen habe, seien die Rechte an die Stadt Smyrna gefallen. Smyrna ist jedoch nicht die einzige Stadt, die solche Ansprüche erhebt. Die Unmöglichkeit einer Klärung, ob und wann unser Mann gestorben ist, steht auch einer Berufung auf § 64 des Urheberrechtsgesetzes im Wege, wonach ein Werk siebzig Jahre nach dem Tod seines Autors frei wird. Neuerdings hat sich jetzt ein gewisser Kallimachos gemeldet, der sämtliche Rechte zu haben behauptet, aber die ›Odyssee‹ nur hergeben will, wenn wir auch die ›Thebais‹, die ›Kypria‹ und die ›Epigonen‹ nehmen, und ganz davon abgesehen, daß diese Werke nicht viel taugen, sind sie nach Ansicht vieler auch gar nicht von Homer. Und selbst angenommen, wir ließen uns darauf ein, in welche Reihe sollten wir sie dann tun? Diese Leute sind doch heutzutage alle bloß geldgierige Spekulanten!

Ich habe mal vorsichtig bei Aristarch von Samothrake angefragt, ob er eventuell ein Vorwort schreiben würde, er hat Renommee und das nötige Know-how, um die Sache in Ordnung zu bringen, aber da kämen wir vom Regen in die Traufe: er will direkt *im Buch* ausführlich erörtern, was jeweils authentisch ist und was nicht! Auf die Art machen wir eine historisch-kritische Ausgabe und ade, hohe Auflage ... Dann lieber gleich das Ganze dem Griechischen Klassikerverlag überlassen, der braucht zehn Jahre und bringt am Ende ein schnuckliges Bändchen zu 180 Mark heraus, das er als Weihnachtsgabe an Bankdirektoren versendet.

Fazit: Wenn wir uns in das Abenteuer stürzen, riskieren wir endlose Rechtsstreitigkeiten und kommen in Teufels Küche, das Buch wird womöglich beschlagnahmt, aber es ist keins von denen, die daraufhin um so schneller unterm Ladentisch weggehen, es ist einfach weg vom Fenster. Vielleicht kann man es nach zwei, drei Jahren an einen Taschenbuchverlag verkaufen, aber bis dahin hat man viel Geld investiert und nichts davon wiedergesehen.

Tut mir sehr leid, das Buch als solches hätte die

Mühe verdient. Aber wir können nicht auch noch anfangen, uns als Detektive zu betätigen. Ich würde die Finger davon lassen.

Alighieri, Dante: ›Die Göttliche Komödie‹

Dieser Alighieri ist zwar ein typischer Sonntagsautor (im Berufsleben gehört er der Apothekerzunft an), doch seine Arbeit läßt unbestreitbar ein gewisses technisch-formalesTalent erkennen, desgleichen auch einen beachtlichen epischen »Atem«. Die Arbeit – geschrieben in der toskanischen Volkssprache – setzt sich aus ca. hundert »Gesängen« in Terzinen zusammen und liest sich streckenweise durchaus interessant. Besonders feinsinnig erscheinen mir die astronomischen Beschreibungen sowie einige knappe und prägnante theologische Urteile. Leichter zu lesen und in der Themenwahl populärer ist der dritte Teil des Buches, der Fragen behandelt, die eher nach dem Geschmack der Mehrheit sind, Alltagsprobleme eines möglichen Lesers wie etwa die ewige Seligkeit, die mystische Gottesschau und die Gebete zur Heiligen Jungfrau. Dunkel und prätentiös ist dagegen der erste Teil, durchsetzt mit primitiver Erotik, Gruselmomenten und wirklich obszönen Stellen. Dies ist bereits einer der nicht wenigen Punkte, die gegen eine Annahme sprechen, denn ich frage mich, wie der Leser diesen ersten Teil überstehen soll, der an Erfindungsreichtum nicht mehr enthält als ein x-beliebiges Handbuch über das Totenreich, ein Moraltraktat über die Sünde oder die ›Legenda aurea‹ des Fra Jacopo da Varagine.

Das entscheidende Hindernis ist jedoch die von unausgegorenen Avantgarde-Aspirationen diktierte Wahl des toskanischen Dialekts. Daß unser gewohntes Latein heute innovatorische Anstöße braucht, ist inzwischen communis opinio (und keineswegs nur in kleinen Avantgardezirkeln), aber es gibt eine Grenze, wenn nicht in den Gesetzen der Sprache, so doch zumindest in der Akzeptanzkapazität des Publikums. Wir haben ja gesehen, was aus der Operation mit den sogenannten »sizilianischen Dichtern« geworden ist, deren Werke ihr Verleger eigenhändig vertreiben mußte, indem er sie per Fahrrad in die Buchläden brachte, wo sie dann in den Ramschkisten landeten.

Außerdem, wenn wir erst einmal damit anfangen, eine Dichtung in toskanischer Mundart zu verlegen, werden wir bald auch eine in ferraresischer und eine weitere in friaulischer usw. herausbringen müssen, um die marktbeherrschende Stellung nicht zu verlieren. Sicher, derlei avantgardistische Unternehmungen steigern das Renommee, aber mit einem so monströsen Buch wie diesem hier kann man sich nicht darauf einlassen. Ich persönlich habe nichts gegen Reime, aber die quantitierende Metrik ist bei den Lyriklesern immer noch die beliebteste, und ich frage mich, ob ein normaler Mensch sich diese endlose Reihe Terzinen mit Genuß reinziehen kann, besonders wenn er, sagen wir, aus Mailand oder Venedig stammt. Denken wir lieber an eine gute populäre Reihe, die zu erschwinglichen Preisen Texte wie etwa die ›Mosella‹ von Decimus Magnus Ausonius oder die ›Carmina

Burana‹ reprintet. Überlassen wir den Avantgardezeitschriften die numerierten Editionen der Merseburger Zaubersprüche: *»Ben zi bena ...«* Feine Sachen, Sprachfutter für Hypermodernisten.

Tasso, Torquato: ›Das befreite Jerusalem‹

Als »moderne« Ritterdichtung nicht schlecht. Der Stil hat Schwung, und die Handlung ist ziemlich neuartig. Es war auch an der Zeit, mit den Remakes der bretonischen und karolingischen Zyklen aufzuhören. Aber sagen wir's unverblümt: Es geht um die Kreuzzüge und die Einnahme von Jerusalem, also ein religiöses Thema. Wir könnten nicht daran denken, das Buch an die außerparlamentarischen oder alternativen Jugendlichen zu verkaufen, bestenfalls kriegen wir ein paar gute Rezensionen in Bistumsblättern oder in der ›Bunten‹. Allerdings frage ich mich, wie dort wohl gewisse erotische Szenen aufgenommen werden, manche Stellen sind ein bißchen lasziv.

Mein Vorschlag: Wir sagen ja, wenn der Autor sich bereit erklärt, den Text so zu überarbeiten, daß daraus eine auch für Nonnen lesbare Dichtung wird. Ich habe schon dieserhalb bei ihm vorgefühlt, er scheint mir nicht grundsätzlich abgeneigt, dem Gedanken einer angemessenen Überarbeitung näherzutreten.

Diderot, Denis: ›Die geschwätzigen Kleinode‹ und ›Die Nonne‹

Ich gestehe, ich habe in diese beiden Manuskripte gar nicht erst reingesehen, aber ein Gutachter muß auch wissen, was er überhaupt lesen muß und was nicht. Ich kenne diesen Diderot, er macht Enzyklopädien (er war auch mal als Fahnenkorrektor für uns tätig), und jetzt hat er sich ein Riesenwerk mit ich weiß nicht wie vielen Bänden vorgenommen, das vermutlich nie erscheinen wird. Er läuft herum und sucht nach Graphikern, die in der Lage sind, das Innere einer Uhr zu zeichnen oder die Webfäden eines Gobelins, und er wird seinen Verleger noch in den Ruin treiben. Er ist ein fürchterlicher Umstandskrämer, ich kann mir beim besten Willen nicht vorstellen, daß er je etwas auch nur annähernd Unterhaltsames in erzählender Prosa zustande bringt, schon gar nicht für ein Programm wie das unsere, bei dem wir immer so darauf achten, daß die Sachen delikat und ein bißchen gewagt sind, so wie Restif de la Bretonne. Nein, wirklich, da kann ich nur sagen, wie man bei uns in Piemont sagt: *Ofelé, fa el to mesté!* Schuster, bleib bei deinem Leisten!

De Sade, Donatien Alphonse François: ›Justine‹

Das Manuskript lag in einem Haufen Sachen, die ich alle noch diese Woche erledigen mußte, und da habe ich es, ehrlich gesagt, nicht ganz gelesen. Ich habe nur dreimal aufs Geratewohl irgendwo reingeschaut, aber ihr wißt ja, für ein geübtes Auge genügt das schon.

Also: Beim ersten Mal fand ich eine Flut von Seiten über Naturphilosophie, mit Erörterungen über die Grausamkeit des Lebenskampfes, die Reproduktion der Pflanzen und die Aufeinanderfolge der Tierarten. Beim zweiten Mal mindestens fünfzehn Seiten über den Begriff der Lust, über die Sinne und die Einbildungskraft und dergleichen mehr. Beim dritten Mal weitere zwanzig Seiten über die Herrschaftsverhältnisse zwischen Mann und Frau in den verschiedenen Ländern der Welt ... Mir scheint, das genügt. Wir sind schließlich nicht auf der Suche nach einem philosophischen Werk, das Publikum will heutzutage Sex, Sex und noch mal Sex. Und möglichst in allen Lagen. Die Linie, an die wir uns halten sollten, ist die der ›Liebesabenteuer des Chevalier Faublas‹. Philosophische Abhandlungen sollten wir lieber Suhrkamp überlassen.

Cervantes, Miguel: ›Don Quijote‹

Das nicht immer leicht lesbare Buch ist die Geschichte eines spanischen Edelmannes, der mit seinem Schildknappen durch die Welt zieht und allerlei phantastischen Ritterträumen nachjagt. Der Edelmann ist ein bißchen verrückt (die Figur wird sehr plastisch gezeichnet, erzählen *kann* dieser Cervantes), während sein Knappe ein Simpel mit einem gewissen bäuerlich-pfiffigen *common sense* ist (ein Typ, mit dem sich der Leser unschwer identifizieren kann), der die Wahnvorstellungen seines Herrn zu entmystifizieren trachtet. Soviel zur Story, die ein paar schöne Einfälle und viele saftige, amüsante Szenen aufweist. Aber ich möchte etwas zu bedenken geben, was über die Begutachtung eines einzelnen Werkes hinausgeht.

In unserer wohlfeilen Reihe »Des Lebens Wechselfälle« haben wir mit beachtlichem Erfolg den ›Amadis von Gaula‹, die ›Legende vom Cral‹, den ›Tristan-Roman‹, den ›Troia-Roman‹, den ›Lai vom Voggelin‹ und die ›Saga von Erec und Enide‹ herausgebracht. Gerade jetzt haben wir die Option auf den großen Wurf dieses jungen Barberino, ›Das fränkische Königshaus‹, ein Roman, der meines Erachtens das Buch des Jahres wird und der womöglich sogar – toitoitoi – den ZDF-Literaturpreis bekommt, denn so was gefällt den Juroren. Wenn wir nun den Cervantes nehmen, bringen wir damit ein Buch auf den Markt, das uns, so schön es auch sein mag, unsere ganze bisher gepflegte Verlagspolitik versaut und all diese anderen Ritterromane zu albernen Narrenflausen abstempelt. Nichts gegen die Freiheit des Wortes, nichts gegen Widerspruch, Auflehnung etc. etc., aber wir müssen doch auch zu unseren Autoren stehen. Um so mehr, als dieser ›Don Quijote‹, wie mir scheint, das typische *opus unicum* ist, der Autor kommt gerade erst aus dem Gefängnis, wo es ihm ziemlich übel ergangen sein muß, ich weiß nicht mehr, ob man ihm einen Arm oder ein Bein abgehackt hat, jedenfalls macht er weiß Gott nicht den Eindruck, als wollte er noch was anderes schreiben.

Ich fände es äußerst bedauerlich, wenn wir, auf der Jagd nach Novitäten um jeden Preis, eine Verlagspolitik kompromittieren würden, die bisher sowohl populär wie moralisch und (sagen wir's ruhig) auch profitabel war. Ablehnen.

Manzoni, Alessandro: ›Die Verlobten‹

Historische Schmöker sind ja zur Zeit sehr beliebt, wenn man die Auflagenhöhen bedenkt. Doch es gibt sone und solche. Als wir zum Beispiel ›Das Schloß zu Trezzo‹ von Bazzoni oder Cantùs ›Margherita Pusterla‹ oder Viktor von Scheffels ›Ekkehard‹ annahmen, wußten wir, was wir in die Taschenbuchreihe taten. Das sind lesbare Bücher, die man auch in zweihundert Jahren noch lesen wird, denn sie gehen dem Leser ans Herz, ihre Sprache ist schlicht und ergreifend, sie bekennen sich zu ihren regionalen Wurzeln, und sie behandeln zeitgenössische – beziehungsweise von den Zeitgenossen als solche empfundene – Themen wie die kommunalen Kämpfe oder die feudalen Fehden. Dieser Manzoni dagegen siedelt erstens seinen Roman im 17. Jahrhundert an, einer notorisch unverkäuflichen Epoche. Zweitens versucht er eine höchst anfechtbare sprachliche Operation, indem er ein Gemisch aus Mailändisch und Florentinisch zusammenbraut, das weder Fisch noch Fleisch ist und das ich unseren Schülern gewiß nicht als Vorbild für ihre Abituraufsätze empfehlen würde. Doch das sind nur die kleineren Sünden.

Tatsache ist, daß unser Autor zwar vordergründig eine populäre Geschichte einfädelt, eine stilistisch und erzählerisch »triviale« Rührstory von zwei armen Verlobten, die wegen der Ränke und Machenschaften irgendeines lokalen Potentaten nicht heiraten können (am Ende heiraten sie dann doch, und alle sind glücklich – ein bißchen dürftig für die immerhin gut achthundert Seiten, die der Leser durchackern muß!). Dann aber verpaßt uns dieser Manzoni auf Schritt und Tritt im Ton einer salbungsvollen Moralpredigt über die Vorsehung lauter pessimistische Tiefschläge (jansenistische, um genau zu sein) und ergeht sich letzten Endes in melancholischen Reflexionen über die menschliche Schwäche und die nationalen Untugenden – vor einem Publikum, das nach hehren Geschichten von erhabenen Helden, patriotischen Freiheitskämpfern und nationaler Größe lechzt und gewiß nicht nach Sophismen über das »Sklavenvolk«, die ich lieber Herrn Lamartine überlassen würde. Die intellektuelle Unart, ständig alles und jedes zu problematisieren, ist sicher nicht gerade verkaufsfördernd, außerdem ist sie meines Erachtens eher eine transalpine Flause als eine lateinische Tugend – man sehe nur, wie unser wackerer Romagnosi vor ein paar Jahren in der »Anthologie« auf zwei exemplarisch knappen Seiten den Kokolores jenes Herrn Hegel erledigte, der sich in Deutschland heute so großer Beliebtheit erfreut!

Nein, unser Publikum will etwas anderes. Es will bestimmt nicht eine Erzählung, die sich ständig unterbricht, um dem Autor Gelegenheit zur Darlegung seiner banalen Philosophie zu geben, oder gar, schlimmer noch, zur Anfertigung prätentiöser Collagen aus höchst unterschiedlichen Materialien – zwei historische Dokumente aus dem 17. Jahrhundert einmontiert zwischen einem halb lateinischen Dialog und pseudovolkstümlichen Tiraden, die eher an den guten Bertoldo selig erinnern als an die positiven Helden, nach denen das Publikum giert ...

Noch ganz im Banne des packenden und mitreißenden Romans, den ich gerade genossen hatte, nämlich des ›Niccolò de' Lapi‹ von Massimo Taparelli d'Azeglio, habe ich diese ›Verlobten‹ nur mit Mühe gelesen. Es genügt schon ein Blick auf die erste Seite, um zu sehen, welchen Aufwand der Autor treibt, bis er endlich zur Sache kommt, wie umständlich er mit einer Landschaftsbeschreibung in labyrinthischen Satzungeheuern beginnt, so daß man erst einmal gar nicht kapiert, wovon überhaupt die Rede ist, während es doch so einfach gewesen wäre, ganz ohne Umschweife mit einem Satz wie, was weiß ich, zum Beispiel »Eines Morgens in der Gegend von Lecco ...« oder so anzufangen. Aber was soll's, nicht jeder hat eben die Gabe, gut zu erzählen, und noch wenigeren ist es gegeben, ein gutes Italienisch zu schreiben.

Zugegeben, das Buch hat schon auch seine Qualitäten. Aber seien wir uns darüber im klaren, daß es nicht leicht sein wird, die erste Auflage zu verkaufen.

Proust, Marcel: ›Auf der Suche nach der verlorenen Zeit‹

Ohne Frage ein anspruchsvolles Werk, vielleicht ein bißchen lang, aber wenn man daraus eine Taschenbuchreihe macht, läßt es sich schon verkaufen.

Allerdings nicht im jetzigen Zustand, da muß erst noch viel dran getan werden, das Manuskript bedarf einer gründlichen Redaktion. Die ganze Interpunktion beispielsweise muß durchgeforstet werden. Die Sätze sind viel zu lang, manche gehen über eine ganze Seite, das ist sehr ermüdend. Durch eine solide Bearbeitung, die sie jeweils auf höchstens drei Zeilen verkürzt, häufiger aufteilt und öfter mal einen Absatz einschiebt, würde der Text sicher viel gewinnen.

Wenn der Autor darauf nicht eingehen will, lassen wir lieber die Finger davon. In der vorliegenden Form jedenfalls ist das Buch – wie soll ich sagen? – zu asthmatisch.

Kant, Immanuel: ›Kritik der praktischen Vernunft‹

Ich habe das Manuskript Prof. Vittorio Saltini zu lesen gegeben, und er meint, daß dieser Kant nicht viel taugt. Dessenungeachtet habe ich dann selbst nochmal reingeschaut, in unserer kleinen philosophischen Reihe könnten wir ja schon ein Bändchen über Moral gebrauchen, das dann womöglich an der Uni in den Proseminaren benutzt wird. Tatsache ist, daß der deutsche Originalverlag uns dieses Buch nur geben will, wenn wir uns verpflichten, nicht nur das vorausgegangene Werk des Autors dazuzunehmen, das ein ziemlich unförmiges Riesending in mindestens zwei dicken Bänden ist, sondern auch das, was dieser Kant derzeit gerade schreibt, irgendwas über Kunst oder das ästhetische Urteil, wenn ich es richtig verstanden habe. Außerdem heißen die drei Bücher alle fast gleich, wir müßten sie also entweder alle drei zusammen in einer Kassette verkaufen (und das hieße zu einem prohibitiven Preis), oder sie würden leicht miteinander verwechselt werden und die Leute würden sagen: »Aber das habe ich doch schon gelesen!« Am Ende ergeht es uns so wie damals mit der ›Summa‹ von diesem Dominikaner, die wir erst für teures Geld übersetzen ließen und dann mittendrin an Bertelsmann abtreten mußten, weil wir's nicht mehr bezahlen konnten.

Aber damit nicht genug, der deutsche Literaturagent hat mir gesagt, wir müßten uns auch zur Übernahme der kleineren Schriften dieses Kant verpflichten, und das sind jede Menge Titel, darunter sogar etwas über Astronomie. Vorgestern habe ich nun versucht, ihn in Königsberg anzurufen, um mal vorzufühlen, ob wir uns nicht auf einen Titel verständigen könnten, und da hat die Zugehfrau mir gesagt, zwischen fünf und sechs sei der Herr Professor nie zu Hause, weil er um diese Zeit immer seinen Spaziergang mache, auch zwischen drei und vier sei er nicht zu sprechen, weil er da seinen Mittagsschlaf halte, na und so weiter. Also, ich würde mich nicht mit so einem Typ einlassen, am Ende haben wir seine ganzen Bücher stapelweise im Lager.

Kafka, Franz: ›Der Prozeß‹

Der kleine Roman ist nicht übel, ein Krimi mit einigen Stellen in bester Hitchcock-Manier; so etwa der Mord am Ende, das wird schon sein Publikum finden.

Allerdings scheint es, als hätte der Autor unter Zensurbedingungen geschrieben. Was sollen all diese vagen Anspielungen, warum dieses Weglassen von Eigennamen und Ortsangaben? Und wieso wird dem Protagonisten überhaupt der Prozeß gemacht? Wenn man diese Punkte genauer klärt, das Ganze konkreter situiert, die Umstände und den Verlauf präzisiert durch Fakten, Fakten und nochmal Fakten, dann wird die Handlung durchsichtiger und der Suspense besser garantiert.

Diese jungen Schriftsteller meinen immer, es wäre »Literatur«, wenn sie bloß vage »ein Mann« schreiben, statt klipp und klar »der Herr Sowieso an dem und dem Ort zu der und der Stunde . . .« Also, wenn wir in diesem Sinne Hand anlegen dürfen, okay, andernfalls würde ich ablehnen.

Joyce, James: ›Finnegans Wake‹

Ich muß darum bitten, bei Verschicken der zu prüfenden Titel ein bißchen mehr aufzupassen. Ich bin der Lektor für englischsprachige Bücher, und dies hier ist in weiß der Teufel was für einer Sprache geschrieben. Das Manuskript geht mit gesonderter Post zurück.

(1972)

Die Entdeckung Amerikas

Telmon: Guten Abend, verehrte Zuschauerinnen und Zuschauer. Es ist 19 Uhr, wir haben den 11. Oktober 1492, und wir beginnen jetzt unsere Live-Sendung vom Flaggschiff der Expedition Columbus, die bis morgen früh 7 Uhr den ersten europäischen Thalassonauten dazu bringen soll, seinen Fuß auf ein neues Land zu setzen, auf einen neuen Planeten, wenn Sie mir die Metapher erlauben, auf jene *terra incognita,* von der so viele Astronomen, Geographen, Kartographen und Seefahrer geträumt haben, ein Land, das manche für Indien halten, von Osten anstatt von Westen erreicht, während andere glauben, es handle sich um nichts Geringeres als einen neuen, unbekannten, riesigen Kontinent. Von diesem Moment an bleiben wir für die nächsten 25 Stunden ununterbrochen auf Sendung. Wir sind in direkter Verbindung sowohl mit dem Flaggschiff, der »Santa Maria«, als auch mit dem Kontrollzentrum auf Gran Canaria, außerdem mit dem TV-Studio Sforza in Mailand, der Universität von Salamanca und der Universität Wittenberg.

Hier im Studio habe ich den Professor Leonardo da Vinci, einen eminenten Experten und Futurologen, der uns die nötigen Informationen zum Verständnis der technischen Einzelheiten dieser phantastischen

Unternehmung geben wird. Ich rufe jetzt meinen Kollegen auf der »Santa Maria«. Hallo, Stagno?

Stagno: Sie wissen ja, Bilder kriegen wir erst im Moment der Landung. Die Fernsehkamera ist zwar an der Galionsfigur der Karavelle befestigt worden, aber die Antenne, die über dem Mastkorb am Großmast angebracht ist, kann erst in Aktion treten, wenn der Marsgast seine Arbeit getan hat und die Segel gerefft sind. An welchem Punkt ihrer epischen Reise befinden sich nun die drei Karavellen? Mit angehaltenem Atem verfolgen wir dieses größte Unternehmen in der Geschichte des Menschen, den Anfang einer neuen Ära, die bereits jemand die »Neuzeit« zu nennen vorgeschlagen hat. Der Mensch verläßt das Mittelalter und macht einen weiteren Schritt in seiner geistigen Evolution. Die gleiche Erregung wie uns erfüllt sicher auch die Techniker von Cape Canaria ... Aber hören wir dazu Ruggiero Orlando, der extra aus dem Regierungsviertel herübergekommen ist, um diese historische Fernsehreportage zu machen. Hallo, Ruggiero, hörst du mich?

Orlando: Ja, ich höre dich. Hörst du mich?

Stagno: Ruggiero?

Orlando: Ja? Hörst du mich?

Stagno: Hörst du mich, Ruggiero?

Orlando: Aber ja, sag' ich doch, ich höre dich. Große Spannung herrscht hier in Cape Canaria. Die Position der drei Galeassen von Christoph Columbus ...

Stagno: Entschuldige, Orlando, mir scheint, das sind keine Galeassen ...

Orlando: Einen Moment ... die sagen hier ... ein Höllenlärm herrscht hier im Kontrollzentrum, dreihundert Barfüßermönche lesen gleichzeitig dreihundert heilige Messen für ein gutes Gelingen der Expedition ... Ach ja, tatsächlich, keine Galeassen, sondern Schebecken. Schebecken! Die Schebecke ist ein typisches Hochseeschiff ...

Stagno: Entschuldige, Ruggiero, hier im Radio höre ich »Karavelle« ...

Orlando: Was? Ich verstehe nicht ... hier ist so ein Riesendurcheinander ... Ah ja, also wie ich schon sagte, es handelt sich um drei Karavellen, die »Niña«, die »Pent-, nein, »Pinta« und die »Santa Radegonda« ...

Stagno: Entschuldige, Ruggiero, hier in der AP-Meldung steht »Santa Maria« ...

Orlando: Tatsächlich, auch hier raunt mir gerade jemand »Santa Maria« zu, es gibt da wohl zwei Auffassungen ... Na, jedenfalls, die Karavelle ist ein typisches Hochseeschiff, ich kann Ihnen hier ein kleines Modell davon zeigen ... Und übrigens, was ich anhabe, ist die Schiffsjungen-Uniform der spanischen Marine ... Die Karavelle ...

Stagno: Entschuldige, Ruggiero, wenn ich dich unterbreche, aber wir haben hier den Professor da Vinci, der uns etwas über das Antriebssystem der Karavelle sagen kann ...

Prof. da Vinci: Eman sed zsorg legov nye tsi ad ...

Telmon: Einen Moment bitte. Hallo Kontrollraum ... Professor da Vinci hat die seltsame Angewohnheit, von rechts nach links zu sprechen, man müßte das Tonband rückwärts abspielen. Sie erinnern sich, genau deswegen hatten wir einen Abstand von neun Sekunden zwischen der Aufnahme und der Ausstrahlung vorgesehen. Fertig? Gut, also Ton ab!

Prof. da Vinci: Da ist eyn Vogel grosz des Name . . .

Telmon: Entschuldigen Sie, Herr Professor . . . Wir haben zwanzig Millionen Fernsehzuschauer . . . Vielleicht wäre es gut, sich ein bißchen einfacher auszudrücken . . .

Prof. da Vinci: Gewiß, entschuldigen Sie. Also, die Karavelle benutzt ein Antriebssystem, das wir als *»wind and veil«* bezeichnen, und sie schwimmt auf dem Wasser dank des archimedischen Prinzips, nach dem ein Körper, der in eine Flüssigkeit eingetaucht wird, einen Auftrieb gleich dem Gewicht der verdrängten Flüssigkeit hat. Das Segel als ausschlaggebendes Antriebselement verteilt sich über drei Masten oder »Bäume«, den Groß-, Fock- und Besanmast. Eine besondere Funktion hat das Bugspriet, an dem sich Klüver und Außenklüver anklammern, während Bram- und Besansegel eher Lenkungsfunktionen haben.

Telmon: Landet das Meerschiff denn im selben Zustand, in dem es gestartet ist, oder lösen sich unterwegs Teile ab?

Prof. da Vinci: Nun, es gibt einen Ausdünnungsprozeß des Schiffes, der in Fachkreisen *»kill and drown«* genannt wird. Das heißt, wenn ein Matrose sich unbotmäßig gegenüber dem Admiral verhält, bekommt er einen Schlag auf den Kopf und wird ins Meer geworfen. Das ist der Moment des *»Mutiny show-down«*. Auf der »Santa Maria« hat es drei solche Phasen von »kill and drown« gegeben, und es waren genau diejenigen, die es Admiral Columbus erlaubten, die Kontrolle über das Meerschiff zurückzugewinnen durch ein Verfahren, das wir »manuelles Kommando« nennen könnten ... In solchen Fällen muß der Admiral sehr gut aufpassen und im richtigen Augenblick eingreifen ...

Telmon: Sonst verliert er die Kontrolle über das Schiff, ich verstehe. Und welche Funktion hat der Schiffsjunge?

Prof. da Vinci: Eine außerordentlich wichtige! Man nennt sie eine *»feeding back«*-Funktion. Für unsere Zuschauer könnten wir das mit »Sicherheitsventil« übersetzen. Es handelt sich um ein technisches Problem, mit dem ich mich lange beschäftigt habe, wenn Sie wollen, zeige ich Ihnen einige meiner anatomischen Zeichnungen ...

Telmon: Vielen Dank, Herr Professor da Vinci, aber mir scheint, es ist an der Zeit, das Studio in Salamanca zu rufen. Hallo, Bongiorno?

Bongiorno: Hallo Freunde! Wir sind hier im Studio von Salamanca 1, um einige Koryphäen zu interviewen, die scheint's derzeit voll im Trend liegen. Richten wir unsere erste Frage an Seine Magnifizenz, den Rektor der Universität von Salamanca – bitte, bleiben Sie genau auf dem Punkt, den wir da mit dem Kreidekreuz markiert haben. Sagen Sie uns, Herr Rektor von Salamanca, was könnte denn dieses Amerika sein, von dem jetzt so viel die Rede ist?

Rektor: Schall und Rauch ist es, Schall und Rauch!

Bongiorno: Entschuldigen Sie, Herr Rektor von Salamanca, aber die Experten haben hier geschrieben, ein ... Kon ... Kontinent ...

Rektor: Nein, nein, hören Sie, es tut mir furchtbar leid für Ihre Experten. Ich hatte als Basistext den ›Almagest‹ von Ptolemäus angegeben. Schauen Sie nach, und Sie werden sehen, daß die Chancen, dort draußen etwas zu finden, minimal sind. Admiral Columbus meint, er könne *»buscar el levante por el ponente«*, den Osten über den Westen suchen, aber das Projekt entbehrt vollkommen jeder Grundlage. Schließlich wissen die meisten Menschen, daß die Erde hinter den Säulen des Herkules aufhört, und das Weiterbestehen der drei Karavellen jenseits dieser Grenze ist nur der Effekt einer simplen Televisions-Illusion durch dämonischen Eingriff. Der Fall Columbus ist ein klares Ergebnis der Schwäche, die unsere zuständigen Behörden im Umgang mit den Studentenprotesten an den Tag legen, und wie es sich trifft, schreibe ich gerade darüber ein Buch für den Ullstein-Verlag. Im übrigen, selbst wenn die Expeditionsreise möglich wäre, hätten die Meerschiffe nicht genügend Autonomie aus Mangel an Platz für den nötigen Treibstoff in Form von himmlischen Heerscharen. Sehen Sie, das Problem ist doch, wie mehrere Konzile lehren, zu wissen, wie viele Engel auf der Spitze einer Nadel stehen können, aber in den Konzilsakten findet sich nirgends ein Hinweis auf den Gedanken, daß die Engel auch auf der Spitze eines Fockmastes stehen könnten. Das wären dann eher Elmsfeuer, also diabolische Manifestationen, die kaum geeignet sind, eine Karavelle zu einem Gelobten Land zu treiben oder, wenn Sie es lieber so wollen, zu einer *terra incognita.*

Bongiorno: Sicher, das sind alles furchtbar komplizierte Sachen, und ich wüßte beim besten Willen nicht, was ich dazu sagen soll. Warten wir ab, was unsere Experten beschließen, und viel Glück dann beim Alles-oder-nichts! Aber hören wir jetzt erst noch einen wirklich ganz wichtigen Experten, der scheint's derzeit voll im Trend liegt, den Dekan der Königlich Kartographischen Gesellschaft von Portugal. Sagen Sie uns, Herr Dekan der Königlich Kartographischen Gesellschaft von Portugal, glauben Sie, daß Columbus wirklich nach Indien segelt?

Dekan: Die Frage ist nicht eben einfach, und der Fehler von Columbus ist, daß er sie auf empirischem Wege beantworten will, statt zu einer Definition des Problems qua seiner Essenz vorzugehen. Sehen Sie, es heißt doch *non sunt multiplicanda entia sine necessitate,* man soll die Dinge nicht unnötig komplizieren, und das läßt uns die Existenz von nur einem einzigen Indien postulieren. In diesem Fall müßte Columbus von Osten kommend entweder am äußersten Punkt des asiatischen Kontinents landen, also genau an der Mündung des Flusses Ussuri. Womit die Expedition ohne jedes Interesse wäre, bedenkt man die totale politische und geographische Irrelevanz jenes Landstückes. Oder er müßte an der Ostküste der Insel Cipango landen, in welchem Fall die mediterrane Ökonomie einen schweren Rückschlag erleiden würde. Denn da sich die Leute dort hinten hinterhältigerweise darauf spezialisiert haben, die mechanischen Erfindungen anderer in transistorisierter Form nachzuahmen, würde der Markt unserer See-Republiken bald überschwemmt von Tausenden perfekt imitierter billiger Karavellen. Die Folge wäre der ökonomische Zusammenbruch der Republik Venedig, es sei denn, die Behörden der Serenissima planten den Bau neuer Werften in Porto Marghera, was wiederum verheerende Konsequenzen für das Gleichgewicht der Lagune hätte ...

Bongiorno: Verstehe. Aber wir haben hier auch den Dekan der Rechtsfakultät von Granada, der uns etwas über die juristischen Konsequenzen dieser Entdeckung sagen wird. Herr Dekan der Rechtsfakultät von Granada, viele Leute fragen sich, wem die neuen Länder gehören werden. Und wem wird der Teil des Ozeans gehören, den Columbus durchquert hat?

Dekan: Die Probleme des internationalen Rechts sind sehr schwierig. Vor allem haben wir das Problem einer Aufteilung zwischen Spanien und Portugal, und ich glaube nicht, der Zeit vorzugreifen, wenn ich sage, wir müssen eine Konferenz einberufen, sagen wir, was weiß ich, zum Beispiel in Tordesillas, um eine ideale Demarkationslinie zwischen den beiden Einflußsphären zu ziehen ...

Elio Sparano: Entschuldige bitte, Bongiorno ... Hier ist das Studio Sforza in Mailand. Ich habe hier eine Gruppe von eminenten Mailänder Juristen, die nicht einverstanden sind. Sie halten die Fragestellung für absurd. Wenn man so vorgeht, sagen sie, und wenn man bedenkt, daß es ja schließlich noch eine weitere Seemacht gibt, nämlich England, dann müßte man annehmen, sagen sie, daß die neuen Gebiete eines Tages in angelsächsische, spanische und portugiesische Einflußzonen aufgeteilt sein würden ... Das ist doch reinste Science-fiction! Professor Trimarchi wollte uns dazu etwas sagen. Herr Professor, wo sind Sie? Wie bitte? Was? Ich höre gerade, der Professor ist durch einen banalen Zwischenfall in der Universität aufgehalten worden. Na gut, ich gebe weiter an das Studio in Wittenberg. Hallo, Pippo Baudo!

Baudo: Hier Studio Wittenberg. Wir würden gern eine Frage an einen jungen, aber gut geschulten Theologen aus Wittenberg richten, einen der Hoffnungsträger unserer Heiligen Katholischen Kirche. Sagen Sie uns, Doktor Luther, glauben Sie, daß diese Seefahrt eine echte und dauerhafte Revolution für die Geschichte der Menschheit darstellen wird?

Luther: Wissen Sie, es gibt nicht nur technologische Revolutionen. Es gibt auch innere Reformationen, die womöglich noch viel größere Folgen haben, dramatische, erhebende ...

Baudo: Glänzend gesagt ... Aber Sie wollen doch nicht etwa sagen, es könnte in Zukunft innere Reformationen geben, die mehr Aufsehen erregen als diese große wissenschaftliche Entdeckung ...

Luther: Man soll nie etwas schwören, glauben Sie nicht zu fest daran ...

Baudo: Haha! Sehr sibyllinisch! Aber ich will Ihnen etwas verraten, nur zum Spaß natürlich: ich bin bereit, sehr fest daran zu glauben. Mein Wahlspruch heißt: »*Crede firmiter et pecca fortiter:* Glaube fest und sündige kräftig«, hahaha!

Luther: Schöner Spruch. Muß ich mir notieren.

Stagno: Moment, entschuldigen Sie, ich höre Stimmen ... Es scheint, als hätten sie Land gesichtet ... Ja, man hört Rufe, sie rufen »Land! Land!« Orlando, hörst du das auch?

Orlando: Also hier ist gar nix zu hören. Moment, ich frag' mal in der Bodenstation Azoren ...

Stagno: Da, jetzt, jetzt haben sie effektiv Land gesichtet ... Das Schiff legt an ... Sie sind ausgestiegen!!! Heute, am zwölften Oktober 1492, hat der Mensch zum erstenmal seinen Fuß auf den Boden der Neuen Welt gesetzt. Orlando, was sagen sie da unten?

Orlando: Also ... nach den letzten Meldungen scheint es, daß die Landung um einen Monat verschoben worden ist, weil, das gesichtete Land, das waren die Liparischen Inseln ...

Stagno: Aber nicht doch, Orlando ich hab's ganz deutlich gehört.

Telmon: Hallo? Ja? Aha. Stagno und Orlando haben beide recht. Das Schiff hat tatsächlich Anker geworfen, wie Stagno gesagt hat, aber das war noch kein Festland, sondern die Insel San Salvador. Eine winzige Insel im Archipel der sogenannten Karibischen See, die einige Geographen schon »Meer der Ruhe« zu nennen beschlossen haben. Aber jetzt schaltet sich die Fernsehkamera an der Galionsfigur des Flaggschiffes ein. Da, da, wir sehen, wie Christoph Columbus den Fuß auf den Strand setzt, um die Flagge Ihrer Katholischen Majestät in den Sand zu stecken! Ein grandioses Schauspiel! Zwischen den Palmen erscheint ein Haufen gefiederter Individuen, die sich den Thalassonauten nähern. Gleich werden wir die ersten Worte hören, die der

Mensch in der Neuen Welt spricht. Ein Seemann wird sie sprechen, der den anderen vorausgeht, der Bootsmann Baciccin Parodi . . .

Parodi: Himmelarsch, Admiral, das sind ja nackerte Weiber!

Stagno: Was hat er gesagt, Orlando?

Orlando: Ich hab's nicht genau verstanden, aber das waren nicht die vereinbarten Worte. Jemand hier meint, es müßte sich um ein Phänomen von Kommunikationsausfall handeln, das soll angeblich öfter vorkommen in der Neuen Welt. Aber jetzt wird Admiral Columbus sprechen!

Columbus: Das ist ein kleiner Schritt für einen Seemann, aber ein großer für Ihre Katholische Majestät . . . Himmelarsch, was haben die denn da am Hals? Ja Gottverdammich Teufelauch, das ist ja Gold! Pures Gold!

Orlando: Das Schauspiel, das uns die Kamera überträgt, ist wahrhaft großartig! Die Matrosen eilen den Eingeborenen mit großen Sprüngen entgegen, mit Riesensprüngen, den ersten Sprüngen des Menschen in der Neuen Welt . . . Sie sammeln die Musterstücke des Minerals der Neuen Welt von den Hälsen der Eingeborenen und tun sie in große Plastiksäcke . . . Jetzt machen auch die Eingeborenen große Sprünge, um wegzulaufen, der plötzliche Gewichtsverlust würde sie fortfliegen lassen, wenn die Matrosen sie nicht mit schweren Ketten am Boden sichern würden . . . Nun sind die Eingeborenen alle brav und ordentlich aufgereiht, während die Seeleute zu ihren Schiffen zurückkehren, hoch beladen mit Säcken voll einheimischer Bodenschätze. Es sind überaus schwere Säcke, und sie zu füllen hat nicht weniger Mühe gekostet, als sie nun zu tragen ...

Stagno: Das ist die Bürde des weißen Mannes. Ein Schauspiel, das wir nie vergessen werden. Heute beginnt eine neue Ära der Zivilisation!

(1968)

Von Patmos nach Salamanca

Präzise Auskünfte über Milo Temesvar sind schwer zu bekommen; schwer zu umgrenzen ist auch das Interessengebiet einer so sprunghaften, unberechenbaren und verwirrenden Intelligenz. Während eines Argentinienaufenthalts weckte er jüngst das Interesse der Fachwelt mit einer Studie über ›Die bibliographischen Quellen von J. L. Borges‹, die als philologisch maßgebend galt, bis sie durch ein anonymes Pamphlet mit dem Titel ›Vom Gebrauch der Spiegel beim Schachspiel‹ widerlegt wurde.

Natürlich war der Autor dieser Schmähschrift kein anderer als Temesvar selbst, der es solcherart unternahm, seine eigenen Leser irrezuführen. Dabei hatte er sich nur vorübergehend in Argentinien aufgehalten. In seiner Heimat Albanien wegen Linksabweichung verfolgt, war Milo Temesvar in die Sowjetunion geflohen, wo er Studien über hochkomplexe Maschinenaggregate betrieb, im Versuch, durch Informationsanalysen die poetischen Werte auf logische und durch entsprechend programmierte Computer reproduzierbare Regelkreise zurückzuführen. In den USA, wohin er anschließend emigrierte, hatte er sich eine Zeitlang als Lektor für slawische Sprachen an der Rutgers University durchgeschlagen; doch bevor er die Staaten dann wieder verließ (wie es scheint, aufgrund heftiger Pressionen seitens des FBI), publizierte er gerade noch rechtzeitig bei Seven Types Press eine höchst originelle, irritierende und provozierende Studie mit dem Titel ›The Patmos Sellers‹, der sich ungefähr übersetzen ließe – für den Fall, daß ein hiesiger Verlag die Rechte erwerben sollte – mit ›Die Apokalypsenhändler‹.

Die Studie ist auf ihre Art eine soziologische Untersuchung; auf ihre Art, insofern sie weitreichende Interpretationshypothesen vorschlägt, ohne diese auch nur im mindesten einer Verifikation *in praxi* zu unterziehen – womit Temesvar jenen Gedanken treu bleibt, die er seinerzeit in einer Denkschrift für die Sowjetische Akademie der Wissenschaften unter dem Titel ›Die Verifikation als Falsifikation der Hypothese‹ dargelegt hatte.

Worum geht es in ›The Patmos Sellers‹? Ausgangspunkt der Untersuchung ist ein in der soziologischen Literatur vieldiskutiertes Problem, das *vulgo* als das »Problem des Versagers« bezeichnet wird, nämlich das Problem der Requalifizierung beruflich-sozialer Rollen in einer vollautomatisierten hochindustriellen Gesellschaft.

Temesvar beginnt mit einem elementaren Beispiel: In einer Stadt wird die Trambahn durch eine U-Bahn ersetzt, und nun müssen die Trambahnfahrer umgeschult werden. Diejenigen, die sich für die Tätigkeit im Führerstand eines U-Bahnzuges als ungeeignet erweisen (weil ihre Reflexe den neuen Anforderungen nicht genügen, weil sie sich den neuen Technologien nicht mehr anpassen können), müssen als nichtintegrierte, potentiell arbeitslose Elemente in die Gesellschaft entlassen werden. Mit Hilfe eines gut geknüpften sozialen Netzes (unter Einschluß von Arbeitsämtern, Berufsberatung etc.) können sie jedoch andere Tätigkeitsfelder finden und darin neue Rollen erfüllen.

Indessen gibt es, fährt Temesvar fort, eine Kategorie von Arbeitskräften, für die eine Alternative zu ihrer bisher erfüllten Rolle nicht existiert: die Intellektuellen, namentlich die Humanisten, die sich als »Spezialisten fürs Ganze« (oder für die Humanitas, verstanden als die Gesamtheit aller Werte) qualifiziert haben. Aber auch ihnen, denen die Gesellschaft keinerlei Hilfe zu bieten vermag, sind sie doch selbst in gewissem Sinne die Ausbilder der Gesellschaft, bietet sich eine reizvolle Alternative, sobald sich ihre Funktion im soziokulturellen Kontext als inadäquat erweist. Dank ihrer Imaginationsgaben und ihrer kulturellen Gestaltungskraft können sie jederzeit neue Tätigkeitsfelder »erfinden«, die ganz den Anschein der Funktionalität haben.

Zur Klärung der Frage entwickelt Temesvar ein abstraktes Modell, dessen historische Bezüge allegorischen Wert annehmen: das Modell des »Gelehrten von Salamanca«. Der Gelehrte von Salamanca, sagt Temesvar, ist ein Experte in Astronomie und Geographie, er kennt alles, was die antiken Texte über das ptolemäische Weltbild gesagt haben, und er hat eine profunde Bildung, so daß er lehren kann, wie die verschiedenen Zonen der Welt beschaffen sind, was für Menschen in ihnen leben und auf welchen Wegen man sie erreicht. Dank dieser Summe von Kenntnissen bekleidet der Gelehrte von Salamanca einen Posten an der gleichnamigen Universität und bezieht hohe Einkünfte aus der Kasse des Königs von Spanien.

Eines Tages jedoch erscheint nun in Salamanca ein gewisser Christoph Columbus, der neue Kenntnisse über die Form und Größe der Erde zu haben behauptet und die Hypothese vorträgt, es sei möglich, »den Osten im Westen zu suchen« *(buscar el Levante por el Poniente)*. Natürlich widerlegt ihn der Gelehrte von Salamanca. Columbus sticht dennoch in See und entdeckt Amerika. Von diesem Moment an erscheint das Antlitz der Erde verwandelt, sämtliche bisher existierenden Astronomie- und Geographiebücher sind überholt, die Kenntnisse, deren Verkäufer und autorisierter Verteiler der Gelehrte von Salamanca war, sind entwertet. Die neuen Experten des Globus sind nun die Seefahrer, die Forschungsreisenden und die Gelehrten, die sich der neuen Weltsicht anpassen können. Dem Gelehrten von Salamanca bieten sich – wenn er überleben will – zwei Alternativen zu seiner bisherigen Rolle: er kann sich einem Fortbildungskurs unterziehen, um die nötigen Kenntnisse zu erwerben, die ihm eine Existenz als Autorität in Sachen Kultur und Leben gestatten, oder er kann die Grundlagen einer neuen Wissenschaft legen, nämlich der Lehre von der moralischen und kulturellen Nichtigkeit der Entdeckung Amerikas, um in dieser Disziplin zur Expertenwürde aufzusteigen und bald wieder Tausende von Schülern um sich zu scharen.

Gewiß existiert Amerika, doch seine Existenz ist von Übel und hat schwerwiegende Folgen für die Menschheit. Ausgehend von der bedenklichen Frage: »Wo soll das alles noch enden?«, entwickelt sich der

Gelehrte von Salamanca zum Experten der Schwarzmalerei, findet als solcher eine neue Rolle in der Gesellschaft, identifiziert die politischen, religiösen und ökonomischen Kräfte, denen seine Lehre von Nutzen ist, und ergattert schließlich erneut einen angemessen dotierten Posten. Temesvar bezeichnet ihn in seiner neuen Rolle als »Apokalypsenhändler«.

Der philosophische Ansatz in Temesvars Überlegungen ist evident: Seine Studie über die Genese scheinfunktionaler Rollen im kulturellen Überbau der Gesellschaft zielt auf die Bedeutung der ökonomischen Determinanten für den Entstehungs- und Bildungsprozeß kultureller Haltungen, insbesondere der negativistisch-prophetischen. Auch zögert der Autor nicht, sein Modell aus dem historischen Umfeld in unsere Gegenwart zu übertragen. Wir leben, sagt er, in einer sich wandelnden Welt, in der die Grenze zwischen Geistigem und Materiellem, zwischen technischen und humanistischen Werten immer schmaler wird – nicht weil die technischen Werte die humanistischen überlagern, sondern weil die humanen Werte von morgen durch andere Parameter als die bisherigen identifiziert werden müssen, im Durchgang durch die vom technischen Fortschritt neugeschaffenen Situationen.

Eine philosophische Diskussion über den Menschen als die Krone der Schöpfung dank seiner Fähigkeiten zu logischer Deduktion hat, so Temesvar, jede Bedeutung verloren, seit gute Elektronenrechner dieselben Fähigkeiten besitzen. Nicht daß ein Diskurs über *den* Menschen heute an Sinn und Wert verlöre, nur ist *der* Mensch nicht mehr als ein *»animal syllo-*

gans« zu betrachten, sondern als ein *»animal capable of constructing syllogizing machines«*, ein Wesen mit der Fähigkeit, logisch deduzierende Denkmaschinen zu bauen und sich neue (unerhörte) Fragen über ihren Gebrauch zu stellen. Der Problemhorizont verschiebt sich: *der Mensch* muß ein paar Millionen Kilometer weiter draußen gesucht werden. Dies gilt für die Philosophie wie für die Kunstkritik, für die Ethik wie für die Ökonomie und die Religion. Und es verlangt von den Intellektuellen eine Bereitschaft zum Umdenken, einen Akt der Demut, eine Fähigkeit, sich erneut auf die Schulbank zu setzen.

Manche freilich sind, wegen ihrer Beschränktheit oder ihres fortgeschrittenen Alters, zu diesem Schritt nicht mehr fähig. Angesichts der Gefahr, ihre privilegierte Funktion zu verlieren, erfinden sie sich eine neue, scheinfunktionale Rolle im Kulturbetrieb. So entstehen die Experten der Apokalypse, spezialisiert auf den Beweis, daß der neue Problemhorizont im höchsten Grade ambivalent, antihuman und negativ sei und daß es zurückzukehren gelte zur Pflege der Werte von einst, um das Überleben der Menschheit zu sichern. Mit solchem Tun hat der »Apokalypsenhändler«, stellt Milo Temesvar abschließend fest, dann immerhin *ein* Problem gelöst: das seines eigenen Überlebens als Privatperson.

(1964)

Nachwort

Die ältesten Texte in diesem Buch entstanden vor gut drei Jahrzehnten als Beiträge für die Zeitschrift ›Il Verri‹ (eine avantgardistische Literaturzeitschrift, bei der viele von denen mitarbeiteten, die später die »Gruppe 63« gründen sollten). Dort hatte ich 1959 begonnen, eine monatliche Kolumne unter dem Titel ›Diario minimo‹ (etwa: Mini-Journal) mit Glossen über den Zeitgeist, Betrachtungen über die Sitten und Bräuche, Moralia und literarischen Parodien zu füllen. Der Titel war als Vorsichtsmaßnahme gedacht: In einer Publikaton, die den sprachlichen Experimenten der Neo-Avantgarde sowie imposanten Essays über Ezra Pound und die chinesischen Ideogramme gewidmet war, kam ich mit extravaganten Reflexionen über allerlei Nebensächliches, die oft als Parodien der von den anderen Autoren der Zeitschrift mit erhabenem Ernst und missionarischem Eifer elaborierten Schreibweisen angesehen wurden. Ich wollte mich gleichsam bei den Lesern dafür entschuldigen, daß ich diese Texte geschrieben hatte. Sie sollten komisch und grotesk sein, also von geringerer Würde als die, in deren Gefolge sie kamen.

Die ersten Texte ähnelten – was das literarische Genre betraf – den ›Mythen des Alltags‹ von Roland Barthes. Das Buch war 1957 erschienen, aber als ich mit meiner Kolumne begann, hatte ich es noch nicht gelesen. Andernfalls hätte ich nicht gewagt, im Jahre 1960 einen Essay über den Striptease zu schreiben. Und als ich es dann gelesen hatte, war ich so beeindruckt, daß ich beschloß, die Finger von diesem Genre zu lassen, um mich fortan dem Pastiche und der Parodie zuzuwenden.

Dafür gab es noch einen tieferen Grund: Wenn die Operation der Neo-Avantgarde darin bestand, die Sprachen des Alltagslebens und der Literatur aufzubrechen und durcheinanderzuwirbeln, dann mußten das Komische und Groteske eine der Modalitäten dieses Programms sein. Außerdem war die Tradition des Pastiche – die in Frankreich so illustre Repräsentanten wie Proust gehabt hatte und in jenen Jahren von Raymond Queneau und dem Oulipo zu hoher Blüte getrieben wurde – in Italien nur mit zwei Autoren von großer Komik vertreten, Luciano Folgore und Paolo Vita-Finzi.

All dies erklärt die Präsenz des ›Mini-Journals‹ in einer Zeitschrift der literarischen Avantgarde. 1963 wurden dann die bis dahin erschienenen Texte in einem Band versammelt, der den Titel ›Diario minimo‹ beibehielt. Und seither haben in Italien viele, wenn sie das Genre bezeichnen wollten, von »Mini-Journalen« gesprochen.

Die jetzt ins Deutsche übersetzten Texte stammen größtenteils aus jenem Band von 1963 und seinen späteren, mehrfach veränderten und erweiterten Neuausgaben, deren bisher letzte 1983 erschienen ist. Ich habe im Laufe der Jahre neue Texte hinzugefügt und andere gestrichen, die für den heutigen Leser nicht mehr verständlich wären (und schon gar nicht für den nichtitalienischen Leser). Die Parodie ist, wie das Komische überhaupt, ein zeit- und raumgebundenes Genre. Das Schicksal des Ödipus oder das der Antigone bewegen uns heute noch, aber wenn wir keine sehr gute Kenntnis vom Leben im antiken Athen haben, fällt es uns schwer, die Anspielungen des Aristophanes zu verstehen. Man verzeihe mir die Wahl so illustrer Beispiele, ich wollte damit nur verdeutlichen, was ich meine.

Dem nichtitalienischen Leser schulde ich ein paar Erklärungen. Ich weiß, daß, wer einen Witz erklären will, Gefahr läuft, ihn zu verderben. Doch – *si licet parva componere magnis* – bei Rabelais bliebe vieles unverständlich, wenn keine Fußnote präzisierte, daß es sich etwa bei den Reden von Panurge um eine Parodie auf die Sprache der damaligen Sorbonne handelte.

›Nonita‹ ist offenkundig eine Parodie auf Nabokovs ›Lolita‹, wobei man nur wissen muß, daß der Name wie ein Diminutiv von »Nonna«, dem italienischen Wort für Großmutter, klingt. Natürlich handelte es sich nicht so sehr um eine Parodie auf Nabokov selbst als auf die italienische Übersetzung seines Romans, aber ich denke, daß dennoch etwas davon erkennbar bleibt, sogar durch dieses Wechselspiel von Übersetzung zu Übersetzung hindurch. Im übrigen konnte ich mir nicht verkneifen, den Umstand auszunutzen, daß Nabokovs Held auf den Namen Humbert Humbert hört.

Mike Bongiorno war – und ist noch immer – einer der populärsten Quizmaster des italienischen Fernsehens. Daß ihn der deutsche Leser nicht kennt, macht nichts. Leute wie ihn gibt es in allen Ländern, wobei ich freilich der Meinung bin, daß Mike Bongiorno in seiner Art ein Genie ist.

Die Skizze ›Le nouveau chat‹ zielt unverkennbar auf Robbe-Grillet und andere Meister des *nouveau roman*. Angefügt sei, daß die Parodie sich hier, wie in anderen Fällen, auch als Hommage versteht.

Die Untersuchung ›Industrie und sexuelle Repression in einer norditalienischen Gesellschaft‹ (der Titel ist bereits eine Parodie auf ein Buch von Malinowski) inspiriert sich an den Klassikern der nordamerikanischen Anthropologie: Margaret Mead, Ruth Benedict, Alfred Kroeber etc. Die philosophischen Abschnitte enthalten wörtliche Zitate (mit leichten Retuschen) von Heidegger, Husserl und Binswanger. Zu den Anspielungen auf die Geschichte des italienischen *risorgimento* sei bemerkt, daß Silvio Pellicos Aufzeichnungen über seine Jahre in österreichischen Kerkern (›Le mie prigioni‹, 1832) als eine der aufrüttelndsten patriotischen Kampfschriften galt, von der gesagt worden ist, sie habe Österreich mehr geschadet als eine verlorene Schlacht. Was schließlich die urbanistische Analyse Mailands betrifft, so war sie Diskussionsgegenstand in Architekturfakultäten, in denen man noch heute vom »Paradox der Porta Ludovica« spricht. Der Text ist ein Beispiel für den »Blick aus der Ferne« auf das Vertraute. Vor einigen Jahren hatte eine Gruppe französischer Anthropologen afrikanische Forscher nach Frankreich eingeladen, um die Sitten und Bräuche der Franzosen zu studieren. Die Afrikaner fanden es beispielweise verwunderlich, daß die Europäer gewohnt sind, ihren Hund spazierenzuführen.

Das Stück ›Die Entdeckung Amerikas‹ entstand unter dem Eindruck der TV-Reportage von der Landung der Amerikaner auf dem Mond. Die Personen (Stagno, Orlando, Baudo etc.) sind lauter bekannte Moderatoren des italienischen Fernsehens, aber auch diesmal, denke ich, werden die Dinge woanders nicht anders gelaufen sein.

Von den hier neu hinzugekommenen Texten ist der über die Unmöglichkeit der Karte des Reiches eine Hommage an Borges und der über die Analysen des Gedichts von den drei Käuzchen eine fröhliche Verulkung etlicher zeitgenössischer Literaturtheoretiker (die großenteils meine Freunde sind), wobei ich mich indirekt auch über mich selber lustig mache. Der Sechszeiler »Ambarabà ciccì coccò« ist nichts weiter als einer der vielen Abzählreime, mit denen sich die Kinder vergnügen, namentlich um beim Blinde-Kuh-Spiel zu bestimmen, wer sich die Augen verbinden muß.

Der Text über die originellen Forschungsansätze von Milo Temesvar schließlich war 1964 im Anhang zu meinem Buch ›Apokalyptiker und Integrierte‹ erschienen. Da sich daraufhin ein großer Verleger und zwei feinsinnige Kritiker fieberhaft auf die Suche nach den Werken von Milo Temesvar machten, sei hier nochmals offen gesagt, daß dieser Temesvar nie existiert hat – was schon die unwahrscheinlichen bio-bibliographischen Angaben suggerieren sollten. Doch wie es scheint, wird eine Parodie ja um so glaubwürdiger, je unwahrscheinlicher sie daherkommt.

Wie dem auch sei, dies jedenfalls ist die Bedingung der Parodie: Sie darf sich nie vor Übertreibungen scheuen. Wenn sie ins Schwarze trifft, nimmt sie nur lachend vorweg, was andere später ohne zu lachen – und ohne rot zu werden – mit unbeirrbarer gravitätischer Sturheit tun. Anders gesagt, es ist eine der edelsten Aufgaben des nicht so ganz Ernsthaften, einen Schatten von Verdacht auf die allzu ernsthaft betriebenen Dinge zu werfen.

Umberto Eco